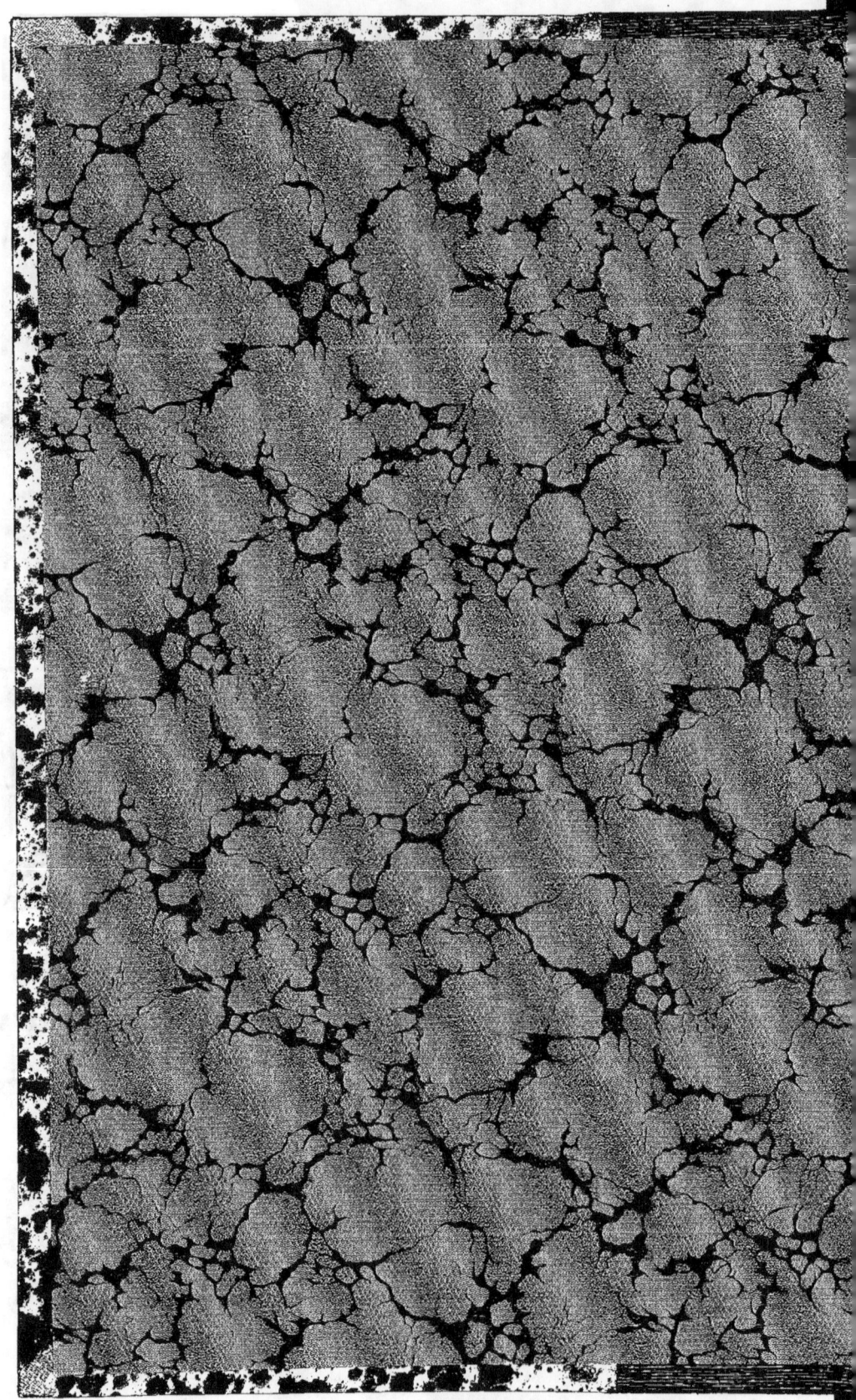

Ernest LABADIE

LA TOPOGRAPHIE DE BORDEAUX
A TRAVERS LES SIÈCLES

CATALOGUE HISTORIQUE ET DESCRIPTIF
DES VUES ET PLANS GÉNÉRAUX DE LA VILLE DE BORDEAUX
DES ORIGINES A LA FIN DU XIXe SIÈCLE

BORDEAUX

1910

Don de l'auteur

LA TOPOGRAPHIE DE BORDEAUX
A TRAVERS LES SIÈCLES

ERNEST LABADIE.

OUVRAGES DU MÊME AUTEUR

Notices biographiques sur les Imprimeurs et Libraires Bordelais des XVIe, XVIIe et XVIIIe siècles. — *Bordeaux,* 1900, in-8°, avec sept planches hors texte et des vignettes.

Nouveau Supplément a la Bibliographie des Mazarinades. — *Paris,* 1904, in-8°.

Les Deux Vues du Port de Bordeaux au XVIIIe siècle de Joseph Vernet. Avec un portrait et deux planches. — *Bordeaux,* 1907, in-8°.

Bibliographie historique d'Élie Vinet. Avec dix-sept fac-similés et des marques d'Imprimeurs. — *Bordeaux,* 1909, in-8°.

La Presse Bordelaise pendant la Révolution. Avec vingt-sept fac-similés et quatre planches. — *Bordeaux,* 1910, in-8°.

Ernest LABADIE

LA TOPOGRAPHIE DE BORDEAUX
A TRAVERS LES SIÈCLES

CATALOGUE HISTORIQUE ET DESCRIPTIF
DES VUES ET PLANS GÉNÉRAUX DE LA VILLE DE BORDEAUX
DES ORIGINES A LA FIN DU XIXe SIÈCLE

BORDEAUX

1910

Extrait de la *Revue historique de Bordeaux*.
Tiré à cinquante exemplaires.

LA TOPOGRAPHIE DE BORDEAUX

A TRAVERS LES SIÈCLES

OU CATALOGUE HISTORIQUE ET DESCRIPTIF
DES VUES ET PLANS GÉNÉRAUX DE LA VILLE DE BORDEAUX
DES ORIGINES A LA FIN DU XIXe SIÈCLE

Le Comité des travaux historiques et scientifiques inscrit depuis plusieurs années au programme des Congrès annuels des Sociétés savantes, dans la section de géographie historique et descriptive, l'« Inventaire des Cartes locales anciennes, manuscrites et imprimées, cartes de généralités, de diocèses, de provinces, plans de ville, etc. ».

On a jusqu'à présent peu répondu à cet article du programme, d'abord parce que pour de grandes provinces comme celles de Languedoc, de Guyenne ou de Gascogne, le programme est beaucoup trop vaste, et ensuite parce que ce genre de travail demande de longues recherches très abstraites, qui ne doivent rapporter ni profit ni gloire, et que ces études sans résultats positifs sont peu en faveur de nos jours.

Cependant, nous avons relevé dans les derniers volumes du *Bulletin de géographie historique et descriptive* deux ou trois inventaires cartographiques concernant la Franche-Comté, la Bretagne et l'Artois, mais les auteurs de ces répertoires très recommandables se sont occupés plutôt des cartes géographiques de ces provinces que des vues et plans généraux des villes [1].

Or, pour certaines provinces qui ont pour capitales de grandes villes comme Lyon, Montpellier, Toulouse ou Bordeaux, les vues et les plans doivent occuper dans ces inventaires topographiques une place presque prépondérante, d'autant plus qu'avant les cartes

---

1. Jules Gauthier, *Les Cartes anciennes et modernes de Franche-Comté*, 1895, p. 302 et suiv. — L. Vignols, *Inventaire cartographique des archives d'Ille-et-Vilaine*, 1895, p. 342 et suiv. — Comte A. de Loisne, *Les Cartes et plans de l'ancienne province d'Artois*, 1905, p. 45 et suiv.

de la France établies par Cassini au xviiie siècle, celles qui ont été dressées dans les siècles précédents sont, à cause de leur inexactitude, plutôt du domaine de l'histoire de la géographie que de la géographie proprement dite. Mais il n'en est pas de même des vues générales et des plans géométraux de villes, établis par des érudits, archéologues ou géomètres, ce sont des documents de premier ordre pour les géographes, les historiens et les archéologues. C'est pour cela que pour la topographie de l'ancienne province de Guyenne nous ne répondons qu'à la dernière partie de l'article du programme donné par le Comité des travaux historiques et scientifiques, c'est-à-dire que ce catalogue ne comprendra que les vues et plans généraux de la ville de Bordeaux qui a été et est encore la capitale de cette vaste région du Sud-Ouest de la France. Cette partie de la topographie de cette province est assez importante par elle-même et assez intéressante, comme on pourra le voir, pour être traitée à part, et nous laissons à d'autres le soin d'en dresser la cartographie, travail qui sera de son côté considérable et qui demandera à être divisé, car l'ancienne Guyenne comprenait d'autres régions très étendues, comme le Bordelais, le Bazadais, l'Agenais, une partie des Landes, le Quercy, le Rouergue et le Périgord.

Tous les travailleurs, très nombreux de nos jours, qui s'occupent de recherches sur l'histoire, l'archéologie et la topographie locales, ont besoin constamment de consulter ces vues et ces plans qui leur montrent les villes telles qu'elles étaient à différentes époques et qui les dispensent de se livrer à de longues recherches pour reconstituer une cité, un quartier, l'emplacement d'une rue et même un monument disparu.

On a de tout temps, mais surtout depuis la seconde moitié du xvie siècle, dressé et publié des plans et des vues cavalières ou à vol d'oiseau des principales villes de l'Europe, et les Hollandais et les Allemands ont édité des atlas, des cosmographies ou autres recueils similaires, comme la grande cosmographie de Munster, publiée à Bâle au xvie siècle, reprise, traduite en français et très augmentée par Belleforest, la cosmographie de Braun ou Bruyn, éditée à Cologne presque à la même époque, l'atlas de Blaeu, paru en Hollande un peu plus tard, ceux de Tassin et de Mérian, et enfin le grand ouvrage bien connu de Chastillon.

Ces importantes publications sont assez connues des travailleurs et ne sont pas difficiles à rencontrer dans nos bibliothèques publiques; mais ce qui est beaucoup plus rare, se sont les plans publiés dans les villes mêmes et qui, comme toutes les publications à usage journalier, les périodiques, les almanachs, les annuaires, ont subi de la main de l'homme l'irréparable outrage, ont été détruits en grande partie et ne sont conservés que dans quelques dépôts publics, où les érudits ont souvent la plus grande peine à les trouver.

On n'a jamais dressé la liste générale des plans et vues de villes de France. On la chercherait vainement dans les catalogues ou dans les grandes bibliographies, cette partie de la catalographie assez ingrate et d'un classement difficile étant généralement laissée de côté, et ces pièces dédaignées sont, dans les dépôts publics, archives ou bibliothèques, placées dans des cartons spéciaux, la plupart du temps non classées et ignorées des travailleurs.

La description de toutes ces anciennes vues et de tous ces vieux plans des villes de France serait un travail du plus haut intérêt et rendrait d'immenses services. Ce serait la reconstitution au jour le jour des grandes cités de notre pays. La Bibliothèque nationale de Paris possède bien, au département des estampes, sous le titre général de *Topographie de la France*, un fonds considérable, commencé sous le second Empire et continué de nos jours, et qui contient pour chaque département une collection très importante de plans et vues de villes, vues de monuments, etc.; mais ce fonds est loin d'être complet : il a été formé par les hasards du dépôt légal des imprimés et il y existe de nombreuses lacunes. Il serait donc imprudent de le prendre comme base d'un travail sérieux.

D'ailleurs, une iconographie complète de la France, comme sa bibliographie, ne peut se faire que par départements d'abord. Vouloir établir d'un seul coup la bibliographie et l'iconographie générales de notre pays est un rêve irréalisable. Ce projet chimérique a été plusieurs fois soumis à une tentative d'exécution, mais on a dû y renoncer en présence des grandes difficultés qu'il offrait. Il faut donc procéder par départements et mieux par villes, et pour les grandes villes comme Lyon, Toulouse, Bordeaux, etc., on sera obligé d'établir des subdivisions nombreuses.

Pour ce qui concerne Bordeaux en particulier, nous avons cherché à dresser la liste de toutes les vues générales et de tous les plans généraux qui ont été publiés jusqu'à nos jours, et c'est ce premier travail d'iconographie bordelaise que nous croyons devoir publier aujourd'hui.

Notre travail se divise en quatre sections :

§ I. — Plans de reconstitution de la topographie de Bordeaux a l'époque gallo-romaine et au moyen age.

Ces sortes de plans n'offrent pas certainement la même garantie que les plans géométraux dressés par des contemporains, mais la plupart ont été établis par des érudits très documentés et il y a lieu d'en tenir compte.

§ II. — Vues générales a vol d'oiseau ou cavalières et plans géométraux des XVIe et XVIIe siècles.

Ces vues à vol d'oiseau ou cavalières sont toutes plus ou moins inexactes ; cependant, comme pour le XVIe siècle et la majeure partie du XVIIe nous n'avons que ces documents topographiques, elles offrent aux archéologues et aux historiens des indications utiles, mais qu'il ne faut adopter qu'avec la plus grande circonspection.

§ III. — Plans et vues du XVIIIe siècle.

Dans cette troisième section nous n'aurons guère à décrire que des plans géométraux qui ont fait leur apparition à la fin du XVIIe siècle, documents de premier ordre qui offrent toute garantie aux travailleurs, car dressés par des hommes de l'art ils sont d'une exactitude incontestable.

§ IV. — Plans et vues du XIXe siècle.

Ce sont encore les plans géométraux qui domineront dans cette section, mais nous ne citerons que les plans originaux, laissant de côté les reproductions plus ou moins inexactes qui en ont été faites pour des atlas, des almanachs, guides de voyageur, publications qui abondent au XIXe siècle. La petite échelle à laquelle ces plans ont été réduits en rend la consultation très difficile pour les études sérieuses. Au XIXe siècle apparaît la lithographie et grâce à ce nouveau procédé de reproduction nous aurons à décrire dans cette section quelques jolies vues panoramiques de la ville, bien plus exactes que celles des XVIe et XVIIe siècles et qui sont déjà, pour la première moitié de ce siècle, de véritables documents.

En dehors de ces quatre catégories de documents topographiques, il resterait à donner la nomenclature des vues panoramiques particielles de la ville qui ont été publiées au XVIIIe et au XIXe siècle, comme les vues de Vernet et d'Ozanne, les vues grossièrement coloriées dites vues d'optique pour le XVIIIe siècle, et pour le XIXe, celles qui sont dues au crayon de Garneray, de Philippe, d'Andiran et d'autres artistes plus modernes. Mais ces vues ne comprenant qu'une partie de la ville et ayant été conçues au point de vue purement pittoresque, elles sont plutôt du domaine de l'iconographie proprement dite que de celui de la topographie exacte dans lequel nous avons tenu à nous renfermer. Cependant ce genre de vues n'est pas à dédaigner, beaucoup sont de véritables documents et il serait assez utile d'en faire aussi la description. Mais nous laisserons ce soin aux spécialistes de l'iconographie, très nombreux dans notre ville. A chacun sa tâche.

Il y a encore une catégorie de plans qui offrent un intérêt de premier ordre et qu'on devrait cataloguer le plus tôt possible. Ce sont les plans partiels dressés par des géomètres ou des architectes depuis le XVIIe siècle jusqu'à nos jours pour les besoins de certaines administrations ou de particuliers, plans originaux manuscrits et inédits qui se trouvent dans quelques dépôts publics comme les Archives nationales, la Bibliothèque nationale, et à Bordeaux, les Archives départementales, les Archives municipales, la Bibliothèque de la ville. Il doit en exister un grand nombre aux Archives du ministère de la guerre et d'autres ministères peut-être, et à Bordeaux dans les archives de l'État-major, de la Marine et des Ponts et Chaussées. Mais c'est à ces dépôts à en dresser les catalogues pour les faire connaître.

Nos quatre sections comprendront une centaine de numéros, c'est-à-dire une centaine de vues et de plans décrits avec leurs différentes éditions ou tirages et classés chronologiquement, non d'après leur date de publication, ce qui n'aurait aucune raison d'être et rendrait les recherches très longues, mais d'après les époques qu'ils représentent. Nous donnerons pour chaque pièce son titre exact et complet, sa date de publication, les noms des dessinateurs, géomètres, graveurs, lithographes, éditeurs, son échelle quand nous la connaîtrons, son format, et nous ferons suivre cette désignation technique de tous les renseignements que nous croirons utiles pour l'étude du plan ou de la vue.

Toutes nos désignations sont faites *de visu*, c'est-à-dire que nous avons vu et examiné avec soin toutes les pièces que nous citons. Nous avons été les chercher dans les dépôts publics comme les Archives municipales de Bordeaux qui contiennent une collection très remarquable de plans et vues de la ville, la Bibliothèque municipale de Bordeaux qui en possède également une très riche série, la Bibliothèque nationale, départements des estampes et des cartes et plans, les Archives nationales et la Bibliothèque de l'Arsenal de Paris, où nous avons trouvé quelques plans manuscrits très précieux. Enfin, la base de notre travail a été notre propre collection en formation depuis de longues années et sur l'importance de laquelle notre modestie nous empêche d'insister.

§ I. — PLANS ET VUES DE RECONSTITUTION DE LA VILLE
A L'ÉPOQUE GALLO-ROMAINE ET AU MOYEN AGE

1. — (**Préhistorique.**) — PLAN PHYSIQUE DE BORDEAUX, dressé par J. Dukacinski. — Échelle au 25,000e. S. d. (1895).

Dimension : 0,088 × 0,110 mill. — Zincogravure.
Dans l'*Histoire de Bordeaux*, par Camille Jullian, 1895, in-4º, page 8.
Ce plan donne les cours de la Garonne et de ses deux affluents, les ruisseaux le Peugue et la Devèze, sur l'emplacement où la ville de Bordeaux a été construite, ainsi que les hauteurs des terrains entre ces deux cours d'eau, indiquées par des lignes courbes de niveau.

2. — (**Préhistorique.**) — AQUITA 600 ans avant J.-C., aujourd'hui Bordeaux. — *Lithographie de Légé*, Bordeaux. S. d. (1834).

Dimension : 0,115 × 0,180 mill. — Lithographie.
Dans *Discours* (sur l'histoire de Bordeaux) *prononcé à l'ouverture de la séance du 8 août 1834*, par M. de Saincric, président, (procès-verbaux des séances publiques de l'Académie de Bordeaux, année 1834, pages 5-26).
Ce plan nous montre la Garonne et ses deux affluents, les ruisseaux le Peugue et la Devèze, avec quelques constructions au bord de ces trois cours d'eau. Au midi et au nord, des marais, et au loin, au couchant, des forêts.
L'auteur de ce plan a été assez réservé dans son dessin, car on ne sait rien sur cette époque reculée. La région bordelaise, comme

tout le pays au sud de la Garonne et jusqu'aux Pyrénées, était habitée par des peuples de race aquitanique qui, vers le ve siècle av. J.-C., seront repoussés vers le sud par les Gaulois; les Basques en seraient les derniers descendants. Ces Aquitains n'ont laissé aucune trace de leur existence dans notre pays qui sera occupé vers le ve siècle par une tribu d'origine gauloise, des Bituriges, détachée de la grande nation du centre de la Gaule, et qui vint s'établir sur les bords de la Garonne en même temps que d'autres peuplades gauloises, comme les Boïi, les Medulli, etc. On ne sait rien encore sur ces premiers habitants de la ville de Bordeaux à laquelle l'auteur donne le nom fantaisiste d'*Aquita*.

3. — (Ier au IIIe s. ap. J.-C.) — EMPLACEMENT DE LA VILLE ROMAINE DE BORDEAUX, du Ier à la fin du IIIe siècle. Dressé par M. Camille de Mensignac. E. Delpech *del*. — *Impr.* A. Bellier et Cie, Bordeaux, 1880. Échelle au 5,000^e.

Dimension : 0,42 × 0,44. — Lithographie.

Ce plan accompagne un travail de M. C. de Mensignac, conservateur des Musées des antiques de Bordeaux, travail qui a paru sous le titre ci-dessus dans le *Bulletin de la Société archéologique de Bordeaux*, t. VII (1880), pages 63-150.

L'auteur de cette étude s'est servi de la partie centrale du plan de la ville de Bordeaux dressé par E. Delpech, employé aux travaux publics de la ville et édité en 1866 par le libraire Feret (voir le numéro 99) et a indiqué par des traits rouges le périmètre de la première ville romaine, c'est-à-dire la ville restée ouverte jusqu'à l'invasion barbare, au IIIe siècle, et par des points rouges, avec numéros de renvoi au texte toutes les découvertes d'antiquités romaines faites sur cet emplacement jusqu'à nos jours. De plus, il a marqué au trait noir l'enceinte fortifiée de la nouvelle ville romaine reconstruite à la fin du IIIe siècle de notre ère.

4. — (IIIe siècle ap. J.-C.) — URBS BURDEGALA circa a. CCLXX p. Chr. — Bordeaux vers l'an 270. — C. Jullian *fecit*, Rigaud *sc*. — Échelle au 20,000^e. S. d. (1890).

Dimension : 0,120 × 0,150 mill. — Gravure sur bois.

Dans : *Inscriptions romaines de Bordeaux*, par C. Jullian, Bordeaux, 1887-1890, 2 vol. in-4º, t. II, p. 554

C'est le plan de la ville ouverte telle qu'on suppose qu'elle a été construite par les Romains dans les premiers siècles de notre ère, avant l'invasion des barbares qui la détruisirent en 276-277, et avant la reconstruction de la ville, à la fin du iiie siècle, avec sa première enceinte fortifiée. « Ce plan, écrit M. Jullian dans la légende, doit servir surtout à donner une idée approximative du Bordeaux du iiie siècle, mais il ne faudrait lui demander la rigueur d'un relevé cadastral. »

Arrivés à l'an 56 av. J.-C., les Romains construisirent rapidement une ville là où il n'y avait rien. Au milieu du ier siècle, c'était déjà une grande cité, un port de commerce important, et vers l'an 200, c'était la plus grande ville de l'Aquitaine ; on estime sa population à cette époque à environ 60,000 habitants. De chaque côté des cours d'eau qui arrosent la nouvelle ville, le Peugue et la Devèze, on remarque des constructions importantes, des Thermes, des temples à Mercure, à Hercule, à Esculape, un superbe temple de Tutelle et un gigantesque amphithéâtre ; des routes conduisant à Toulouse, à Bazas, au pays de Buch, en Médoc et à Blaye, enfin de vastes cimetières. C'est la ville romaine ouverte, très étendue, qui, en 276-277, va être anéantie par les barbares germains.

5. — (Ier au IIIe s. ap. J.-C.) — BORDEAUX pendant les trois premiers siècles. Julien Dukacinski *del*. — Gravé par Erhard frères, à Paris. — Échelle au 10,000e. S. d. (1892).

Dimension : 0,25 × 0,40. — Gravure sur pierre.

Dans l'album, pl. I, de *Bordeaux. Aperçu historique. Sol, population, industrie...* Bordeaux, 1892, 3 vol. in-4º (voir le numéro 108).

C'est un agrandissement du plan précédent, dessiné par J. Dukacinski, chef du bureau de statistique et d'hygiène de la mairie de Bordeaux.

6. — (IIIe siècle.) — PLAN SUPPOSÉ DE BORDEAUX au milieu du iiie siècle, dressé par Camille Jullian. Julien Dukacinski *del*. — Échelle au 20,000e. S. d. (1895).

Dimension : 0,120 × 0,120 mill. — Zincogravure.

Dans l'*Histoire de Bordeaux*, de C. Jullian, 1895, p. 31, habillé dans le texte. Reproduction à une échelle plus petite des plans décrits sous les numéros 4 et 5.

7. — (III· siècle.) — PLAN DE LA VILLE DE BORDEAUX bâtie par les Romains l'an de J.-C. 260. De la Gardette *sc.* S. d. (1771).

In-4º (0,140 × 0,185 mill.). — Gravure sur cuivre.
Dans l'*Histoire de la Ville de Bordeaux*, par Dom Devienne, Bordeaux, 1771, in-4º, p. XIII.
Plan géométral, le premier qui ait été dressé de la ville reconstruite par les Romains, à la fin du IIIe siècle, avec la première enceinte fortifiée, après la destruction de la ville ouverte des premiers siècles par les barbares germains, en 276-277. Par conséquent, cette date de 260 que porte le plan est inexacte, d'autant plus que la nouvelle cité n'a pas été construite en une année, on a dû employer toute la fin de ce siècle à la rebâtir. La ville fortifiée forme un parallèlogramme régulier perpendiculaire au fleuve et traversé par le cours d'eau la Devèze, de *Divicia*, qui divise (?), aujourd'hui canalisé et qui à cette époque formait un port intérieur à son embouchure dans la Garonne. « Les remparts de cette première enceinte mesuraient 2.350 mètres de circuit, 725 mètres de l'est à l'ouest et 450 du nord au sud. Ils avaient 9 à 10 mètres de haut et 4 à 5 mètres de profondeur. Presque tous les 50 mètres, les murs étaient flanqués de tours massives, arrondies à l'intérieur. Il y avait une quinzaine de portes étroites et basses. Les fondations de ces murailles avaient été établies en partie avec les pierres des monuments détruits par les barbares. Les rues correspondaient aux portes : elles étaient étroites, parallèles, se coupant à angle droit, formant comme un damier. » (*Hist. de Bordeaux*, de C. Jullian, *op. cit.*) Les Romains, pour pouvoir se défendre contre une seconde invasion, s'étaient enfermés dans leurs hautes murailles, abandonnant les faubourgs et laissant de côté le Peugue, cours d'eau important, longeant les murs au midi et servant ainsi de défense naturelle, et les superbes édifices détruits en partie par les barbares, l'amphithéâtre dit aujourd'hui Palais-Gallien, dont il reste encore quelques arcades assez importantes, et le temple de Tutelle, appelé plus tard Piliers de Tutelle, complètement rasé à la fin du XVIIe siècle. Ce plan a été très souvent critiqué, mais en somme il a servi de

base à tous ceux qui ont été dessinés depuis pour représenter la ville de cette époque avec sa première enceinte fortifiée.

Le cuivre original de ce plan est conservé aux Archives municipales de Bordeaux, avec les autres planches ayant servi à l'illustration de cette histoire de Bordeaux. On en a fait de nouveaux tirages pour les ouvrages modernes suivants : *Les Annales politiques littéraires et statistiques de Bordeaux*, par P. Bernadau, Bordeaux, 1803, in-4º; *Discours (sur l'antiquité de Bordeaux) prononcés à l'ouverture de la séance du 28 août 1804, par M. de Saincric, président*, procès-verbaux des séances publiques de l'Académie de Bordeaux, 1834, in-8º, p. 13; *Histoire de Bordeaux* de Dom Devienne, seconde édition, Bordeaux, 1862, 2 vol. in-4º, report lithographique du plan.

8. — (IIIe siècle.) — ANCIENNE DISTRIBUTION des eaux de Bordeaux. — Anonyme. — S. d. (1817).

In-8º. — Gravure sur cuivre.

Dans *Conjectures sur le lieu de la fontaine Divone et sur la distribution ancienne des eaux à Bordeaux*, Bulletin polymathique du Muséum de Bordeaux, t. XV (1817), pages 228-230.

Ce plan et cette notice anonymes sont attribués à Pierre Lacour fils, artiste bordelais, peintre, graveur, archéologue (1778-1859). Le plan représente simplement la première enceinte romaine de la ville traversée par la Devèze, les canaux, les bains publics et la célèbre fontaine Divona chantée par le poète Ausone et dont personne n'a pu reconnaître l'emplacement.

Il y a à la Bibliothèque de Bordeaux, dans le carton des plans de la ville à l'époque romaine, deux ou trois dessins originaux et inédits, donnant le plan sommaire de la cité à cette époque et qu'on attribue également à Pierre Lacour. Nous n'en avons pas fait l'objet d'articles à part parce que ce ne sont que des essais.

9. — (IIIe siècle.) — PLAN DE LA VILLE DE BORDEAUX, l'an de J.-C. 260. — *Lithogr. de Rougé, Bordeaux.* S. d. (1837).

In-8º (0,100 × 0,165 mill.). — Lithographie.

Dans *Histoire de Bordeaux*... par P. Bernadau, Bordeaux, 1837, in-8º, et 2e édition, 1839. — Reproduction réduite du plan de Dom Devienne de 1771 (nº 7).

10. — (**IIIe siècle.**) — Plan de la Ville de Bordeaux bâtie par les Romains l'an de J.-C. 260. A. Bordes *del*. — Rouargue *sc*.

In-4º (0,165 × 0,225 mill.). — Gravure sur acier.
Dans *Histoire des Monuments anciens et modernes de la Ville de Bordeaux*, par Aug. Bordes, architecte, Paris-Bordeaux, 1845, 2 vol. in-4º. — Copie du nº 7 à une plus grande échelle.

11. — (**IIIe siècle.**) — Plan de Bordeaux bâti par les Romains l'an 260 de notre ère. A. Héquet *del*. — *Lithogr. Chariol, Bordeaux*. S. d. (1863).

In-8º (0,110 × 0,155). — Lithographie.
Dans *Histoire complète de Bordeaux*, par l'abbé Patrice-John O'Reilly. Bordeaux, 1863, 6 vol. in-8º. Autre copie du nº 7.

12. — (**IIIe siècle.**) — Fouilles faites dans la muraille romaine. Dressé par Camille Jullian. — Gravé par Rigaud. Imprimé par Périgord. — Échelle au 5,000^e. S. d. (1890).

In-4º (0,165 × 0,205 mill.). — Gravure sur pierre.
Dans *Inscriptions romaines de Bordeaux*, de C. Jullian, *op. cit.*, t. II, p. 329, pl. IX hors texte — Plan des fouilles faites dans la muraille romaine du xve siècle à la fin du xixe siècle. Le mur romain du iiie siècle est tracé en rouge sur un plan de ce quartier à l'époque moderne, limité par la rivière, les cours du Chapeau-Rouge et de l'Intendance, les rues de la Vieille-Tour et des Remparts, le cours d'Alsace-et-Lorraine.

13. — (**Ve siècle.**) — Urbs Burdegala, circa a. D. p. Chr. — Bordeaux vers l'an 500. — C. Jullian *fecit*. Rigaud *sc*. — Échelle au 20,000^e. S. d. (1890).

Dimension : 0,120 × 0,145 mill. — Gravure sur bois
Dans *Inscriptions romaines de Bordeaux*, par Camille Jullian, 1887-1890, *op. cit.*, t. II, p. 595.
Ce plan géométral nous montre la ville avec la première enceinte fortifiée élevée à la fin du iiie siècle, telle qu'elle est restée jusqu'à

la construction de la deuxième enceinte au XIIIe siècle : « Ce plan, dit son auteur, ne peut donner qu'une idée approximative de la disposition des rues et des places de Bordeaux ; nous nous sommes aidé, pour le tracer, des plans du moyen âge et de la description écrite par Ausone. L'emplacement fixé pour chaque monument est, en revanche, incontestable et l'étendue donnée à la cité ne peut laisser place au moindre doute. »

Ce plan du Bordeaux romain établi par M. Jullian a une tout autre valeur documentaire que celui de Dom Devienne de 1771 (n° 7). Dressé avec une connaissance approfondie de la cité gallo-romaine, il est d'un intérêt de premier ordre pour l'étude de la topographie bordelaise à cette époque.

14. — (IVe au XIIe siècle.) — BORDEAUX de l'an 300 à l'an 1100. — Julien Dukacinski *del.* — Gravé par Erhard frères, Paris. Échelle au 10,000[e]. S. d. (1892).

Double in-4° (0,25 × 0,40). — Gravure sur pierre.
Dans l'Album, pl. n° 2, de *Bordeaux, Aperçu historique*...1892, *op. cit.*
Reproduction agrandie du plan précédent.

15. — (V[e] au XIIe siècle.) — BORDEAUX GALLO-ROMAIN et au moyen âge. — Anonyme. S. d. (vers 1860).

Double in-fol. — Dessin à la plume inédit, à la Bibliothèque de Bordeaux, carton des plans de la ville à l'époque gallo-romaine et au moyen âge.
Vue à vol d'oiseau. La ville est couverte de maisons et en dehors de la première enceinte on aperçoit l'église Saint-Seurin, l'amphithéâtre et le temple de Tutelle. Ce dessin est attribué à Léo Drouyn, mais il n'est pas digne d'un érudit qui nous a laissé un bagage archéologique et historique de la plus haute valeur.

16. — (Moyen âge.) — PLAN SUPPOSÉ DE BORDEAUX sous les Mérovingiens et les Carolingiens, d'après M. Camille Jullian. Bordeaux dans le haut moyen âge. Julien Dukacinski *del.* — Échelle au 20,000[e]. S. d. (1895).

Dimension : 0,10 × 0,12. — Zincogravure dans le texte

Dans *Histoire de Bordeaux*, par C. Jullian, *op. cit.* Reproduction du plan du même auteur pour ses *Inscriptions romaines à Bordeaux*, *op. cit.* (n° 13), avec quelques modifications, notamment l'adjonction de quelques églises et les noms de lieux en français.

17. — **(1100.)** — BORDEAUX vers l'an 1100. — Léo Drouyn, *del. et sc.*, 1893.

Gr. in-4° (0,198 × 0,295 mill.). — Eau-forte.

Vue à vol d'oiseau prise du côté du couchant et représentant la ville entourée de l'enceinte romaine avec ses tours de défense et ses portes, ses premiers monuments et églises : Palais des ducs d'Aquitaine (l'Ombrière), Saint-Seurin, Saint-André et Saint-Michel. La seconde enceinte du XIIIe siècle n'est que tracée. Le plan de la ville est tout petit, mais la campagne avec ses marais est très étendue. Au loin, la Garonne, la pointe de la rive droite et les coteaux de Lormont et de Floirac. Il y a une légende. Cette jolie eau-forte fait partie d'une série de vues de Bordeaux, vues partielles des remparts avec leurs tours, qui furent exposées à l'Exposition de Bordeaux de 1895, section de l'art ancien, et que Léo Drouyn avait dessinées et gravées à la fin de sa vie pour une grande publication bordelaise projetée depuis longtemps, mais qui, en 1910, n'a pas encore vu le jour. Ces vues sont très finement gravées et fort intéressantes, quoique un peu fantaisistes au point de vue purement documentaire. Des épreuves de ces vues sont conservées à la Bibliothèque de Bordeaux, carton des vues générales de la ville (voir les numéros 22 et 27).

18. — **(1100-1300.)** — BORDEAUX DE 1100 A 1300, d'après le livre de M. Drouyn. Julien Dukacinski *del.* — Gravé par Erhard frères, Paris. — Échelle au 10,000°. S. d. (1892).

Double in-4° (0,25 × 0,40). — Gravure sur pierre.

Dans l'Album, pl. n° 3, de *Bordeaux, Aperçu historique...*, 1892, *op. cit.* — Ce plan, qui est la reproduction réduite du plan dressé en 1874 par Léo Drouyn pour son *Bordeaux en 1450* (voir le numéro 25), nous montre le Bordeaux du XIIIe siècle avec sa seconde enceinte édifiée à cette époque, représentée de nos jours exactement par le cours Victor-Hugo, le commencement du cours Pasteur et la rue Duffour-Dubergier jusqu'au cours d'Alsace-et-Lorraine, voies qui occupent les fossés qui longeaient cette seconde enceinte. On y voit de plus les faubourgs, *Las Grabas*, qui avaient pris une très grande importance et étaient devenus très peuplés pendant le moyen âge.

19. — (**XIII⁰ siècle.**) — BORDEAUX VERS 1220, d'après M. Camille Jullian. Bordeaux au début du règne d'Henri III. Julien Dukacinski *del*. — Échelle au 10,000ᵉ. S. d. (1895).

Dimension : 0,110 × 0,120 mill. — Gravure sur bois.
Dans l'*Histoire de Bordeaux*, de C. Jullian, 1895, *op. cit.*, p. 140. — C'est une reproduction réduite, mais sans les faubourgs, du plan précédent. C'est le Bordeaux anglais, car nous sommes obligé de rappeler ici, pour expliquer le sous-titre du plan « Bordeaux au début du règne d'Henri III », que toute la Guyenne fut sous la domination anglaise de 1152 à 1453.

20. — (**1225.**) — VEVE VIFVANTE DE LA CITÉ DE BOURDEAULX en l'année MCCXXV, Henri III estant roy d'Angleterre et Louis VIII roy de France, Richard comte de Cornouailles, gouverneur de la province de Guienne, Savary de Mauléon, commandant en chef, Metot, sénéchal de Guyenne, Amaubin Dailhan, maire de Bourdeaulx, Amanieu, archevesque. — Ferdinand Molas *del*. (1862). — Fac-similé-auto G. Chariol, Bordeaux.

Double in-fol. (0,44 × 0,56). — Lithographie.
Vue à vol d'oiseau. Essai de reconstitution fantaisiste, donnant la ville du moyen âge avec ses deux enceintes fortifiées, les principaux monuments et les principales rues, avec les cours de la Garonne, du Peugue et de la Devèze. L'auteur, qui a publié une seconde vue de Bordeaux au XVIᵉ siècle (voir le numéro 36), n'a fait que copier dans ces deux vues celles publiées antérieurement, mais en les modifiant d'une manière arbitraire. Cette vue n'a aucune valeur documentaire.

21. — (**XIV⁰ siècle.**) — BORDEAUX AU XIVᵉ siècle, ne contenant que les rues dans lesquelles les chevaliers de Saint-Jean de Jérusalem possédaient des fiefs considérables. Baron de

Marquessac *del. et sc.*, 28 juillet 1863. — Impr. de Chardon aîné, Paris.

In-4º (0,200 × 0,252 mill.). — Gravure à l'eau-forte.

Dans *Hospitaliers de Saint-Jean de Jérusalem en Guyenne, depuis le XIIe siècle jusqu'en 1793*, par le Bon H. de Marquessac. Bordeaux, 1864, in-4º.

Ce plan géométral, faisant partie d'une très intéressante publication contenant de nombreuses planches très habilement gravées à l'eau-forte par l'auteur lui-même, nous montre, outre les rues où se trouvaient situés les fiefs des chevaliers de Saint-Jean de Jérusalem, les principales églises et les couvents, les deux enceintes fortifiées du IIIe et du XIIIe siècle, et la troisième enceinte qui avait été construite au commencement du XIVe siècle. L'auteur a même fait figurer, « pour mieux faire comprendre le vieux Bordeaux », comme il le dit lui-même, le fort du Hâ et le Château-Trompette qui n'ont été édifiés que plus tard.

22. — (**XIVe siècle.**) — BORDEAUX AU XIVe SIÈCLE. — Vue prise de l'extrémité méridionale du chemin du Palais-Gallien. — Léo Drouyn *del. et sc.*, 1893.

Gr. in-4º (0,170 × 0,295). — Eau-forte.

Vue à vol d'oiseau prise du couchant vers la rivière qu'on ne voit pas. Elle nous montre la ville avec ses maisons et ses monuments, la première enceinte romaine du IIIe siècle avec ses tours demi-circulaires non couvertes, ses portes et une partie de la deuxième enceinte et de la troisième, avec leurs tours couvertes en poivrière et leurs fossés pleins d'eau. Vue très originale et très finement gravée qui fait partie de la série des planches gravées par Léo Drouyn pour une publication bordelaise depuis longtemps projetée (voir les numéros 17 et 27).

23. — (**XVe siècle.**) — BORDEAUX. — Léo Drouyn *sc.* Janvier 1865. Dupain, impr., Paris.

In-4º (0,140 × 0,225). — Gravure à l'eau-forte.

Dans la *Guienne Militaire*, par Léo Drouyn, Bordeaux, 1865. 2 vol. in-4º, t. II, pl. 150, page 445.

Ce plan géométral, de petite dimension, accompagne une étude très complète, le dernier chapitre de l'ouvrage, p. 445-463, le meilleur qui ait été écrit sur les trois enceintes telles qu'elles ont été construites aux IIIe, XIIIe et XIVe siècles et telles qu'elles existaient encore vers le milieu du XVe siècle, avec les portes, tours de défense, fossés, etc. L'auteur a ajouté à ce plan les principales voies et les principaux monuments de la ville en 1755 d'après le plan dressé à cette époque (notre numéro 60). Une légende à la fin du chapitre donne les noms des monuments avec des numéros de renvoi.

La *Guienne Militaire* est la plus belle et la plus savante publication qui ait paru sur l'archéologie du Bordelais au moyen âge. Outre un texte de la plus haute érudition, rédigé sur des documents inédits pris dans les archives des anciennes familles, ce superbe livre contient 150 planches hors texte gravées à l'eau-forte par l'auteur lui-même et reproduisant les anciennes forteresses du Bordelais avec de nombreux plans et figures dans le texte.

24. — (XVe siècle.) — BORDEAUX VERS 1450. — Léo Drouyn *del. et sc.*, 1873.

In-4º (0,160 × 0,225 mill.). — Gravure à l'eau-forte.

Dans *Bordeaux vers 1450, description topographique*, par Leo Drouyn, Bordeaux, 1874, in-4º, premier tome complémentaire des publications des Archives municipales de Bordeaux.

Cette vue à vol d'oiseau, servant de frontispice à l'ouvrage que nous venons de citer, est gravée très finement sur cuivre. Elle est prise au-dessus de la ville, au couchant, et nous montre, malgré sa petite dimension, la cité entière et ses faubourgs dans leurs moindres détails, la troisième enceinte fortifiée avec ses fossés pleins d'eau, ses tours de défense, ses portes, les églises et les chapelles avec leurs clochers.

Dans l'introduction de son livre, Drouyn donne une très belle description à vol d'oiseau du Bordeaux du XVe siècle et il explique lui-même comment il a établi son dessin : « Transportons-nous un moment, écrit-il, à l'époque où Charles VII venait de reprendre la Guienne, et regardons la ville de Bordeaux du sommet de quelque édifice, non loin du mur Sarrasin, par exemple, que les titres de cette époque nous signalent comme existant à quelque distance de la porte Sainte-Eulalie. De cette hauteur l'immense trapèze de la ville se dresse devant nous. Au premier abord, c'est une masse confuse et embrouillée de tours et de clochers, de pignons et de toitures, de bateaux et de voiles, de rues étroites ou tortueuses, de places, de jardins et de cimetières. Au centre de cet entassement de maisons et d'édifices, le Peugue et la Devèze, sortant des marais couverts de roseaux et cachés en partie sous les aulnes et les saules, se laissent voir çà et là, et forment, à leur embouchure, deux ports encombrés de navires de toute forme et de toute grandeur, à travers lesquels glissent de légers batelets. La Garonne, large et rapide, sillonnée d'une quantité considérable de vaisseaux venus de tous les ports de l'Europe, et de barques indigènes, aux voiles blanches ou rouges, baigne le pied des remparts et trace devant la ville un vaste croissant, qui a fait donner au port de Bordeaux le nom de Port de la Lune. Plus loin, la plaine de Queyries apparaît à droite, couverte de vignes au milieu desquelles s'élèvent les *bourdieux* des riches bourgeois de la ville; à gauche, un bras étroit de la rivière passe au pied des coteaux et forme l'île de Matorque; au-dessus, les sommets des collines, le Cypressac et sa forêt de cyprès, les lauriers de Lormont et la silhouette du château des archevêques de Bordeaux arrêtent la ligne un peu brumeuse de l'horizon... Dans le lointain, c'est la plaine et le château de Montferrand, où Charles VII a séjourné pendant la capitulation, et enfin les hauteurs voisines du Bec-d'Ambès, qui se perdent dans la brume au confluent de la Garonne et de la Dordogne. »

Cette vue a été reproduite dans l'album de *Bordeaux, Aperçu historique...* 1892, *op. cit.*, tirée sur le même cuivre et Léo Drouyn en a fait, en 1874, un nouveau dessin de très grande dimension (voir notre numéro 26 *bis*).

25. — (**XV**e **siècle.**) — Plan de Bordeaux vers 1450, dressé par Léo Drouyn pour l'intelligence des documents imprimés par la Commission de publication des Archives municipales de Bordeaux. 1874. Paris, impr. de A. Salmon (Léo Drouyn *del.*; Léon Gaucherel *sc.*).

Dimension : 0,49 × 0,67. — Gravure sur cuivre.

Dans *Bordeaux vers 1450. Description topographique, par Léo Drouyn, publié par les Archives municipales de Bordeaux*, Bordeaux, 1874, in-4º.

Le *Bordeaux vers 1450* est encore un ouvrage dû à la haute érudition archéologique de Léo Drouyn et tout aussi remarquable dans un autre genre que sa *Guienne militaire* que nous venons de citer. On y trouve toute la topographie de la ville au moyen âge. En tête de l'ouvrage, une vue à vol d'oiseau que nous venons de décrire dans le numéro précédent.

Ce plan géométral est très complet. Il donne les trois enceintes avec toutes leurs portes, toutes les rues et tous les monuments religieux et civils, ainsi que les faubourgs. Tous les noms sont en gascon. Ce plan est un document hors de pair; il est très consulté par tous ceux qui ont à s'occuper du vieux Bordeaux. C'est un travail remarquable de reconstitution qui dénote de très longues recherches et une connaissance profonde de la ville au moyen âge. Le cuivre de ce plan est conservé aux archives municipales de Bordeaux.

26. — (XVe siècle.) — BORDEAUX VERS 1450, d'après le plan de M. Drouyn. Julien Dukacinski *del*. Gravé par Erhard frères, Paris. — Échelle au 10,000^e. S. d. (1892).

Double in-4º (0,25 × 0,40). — Gravé sur pierre.
Dans l'Album, pl. 4, de *Bordeaux, Aperçu historique...* 1892, *op. cit.* — Reproduction pure et simple et réduite du plan de Léo Drouyn, décrit dans le numéro précédent. Cette même planche se trouve dans l'*Histoire de Bordeaux*, de C. Jullian, 1895, *op. cit.*, pl. VII, page 230.

26 *bis*. — (**1450**.) — BORDEAUX EN 1450. — Léo Drouyn *del.*, 1874.

Dimension : 0,71 × 0,93. — Dessin à la plume. (Archives municipales de Bordeaux.)

Vue à vol d'oiseau, semblable au numéro 24, mais de bien plus grandes dimensions et donnant par conséquent bien plus de détails. Au bas, sur la tablette, une légende avec la silhouette des principaux monuments de la ville. C'est un dessin remarquable et traité d'une manière magistrale. Pour sa désignation, nous renverrons au numéro 24, où nous avons reproduit cette désignation donnée par l'artiste lui-même.

Cette superbe vue fut achetée par la Ville en 1875 pour le prix de 850 francs, à la suite d'un vote du Conseil municipal, émis dans la séance du 23 février, sur un rapport présenté au nom de la Commission de l'Instruction publique. Le rapporteur lut une lettre de Léo Drouyn, adressée au maire et datée du 23 décembre 1873, qui commençait ainsi : « Un honneur que j'ai toujours désiré pendant ma carrière artistique, passée tout entière à Bordeaux, est celui d'avoir une de mes œuvres originales dans le musée de la ville... » Puis l'artiste explique que jusqu'à présent il n'avait pas trouvé de pièce de sa composition digne de figurer au musée, mais que la vue de Bordeaux qu'il a gravée en 1873, pour son livre *Bordeaux vers 1450*, publiée en 1874 par la Commission des Archives municipales, lui avait donné l'idée de traiter le même sujet dans un plus grand format et que c'est cette nouvelle vue qu'il propose à la Ville.

Ce beau dessin fut donc acquis par l'administration municipale et il y a lieu de l'en féliciter. Il fut d'abord exposé au Salon bordelais des Amis des Arts, cette même année 1875; il figure au catalogue sous le numéro 197 avec la rubrique : « Aspect de Bordeaux vers 1450; dessin à la plume. Appartient à la ville de Bordeaux. » Il fut ensuite placé dans une des galeries du Musée de peinture et de sculpture; il est porté aux catalogues de ce musée, éditions de 1881 et 1894; mais après cette date il disparaît du musée, peut-être après la mort de Léo Drouyn, survenue en 1899, et ce n'est que dernièrement qu'il fut retrouvé dans un des magasins du musée et versé aux Archives municipales où le conservateur de ce dépôt s'est empressé de lui donner une place d'honneur.

27. — (XVe siècle.) — BORDEAUX A LA FIN DU XVe SIÈCLE. Vue prise en face de la porte de Caillau. Léo Drouyn *del. et sc.*, 1894.

Gr. in-4º (0,197 × 0,308 mill.). — Gravure à l'eau-forte.

Vue à vol d'oiseau prise à l'embouchure des ruisseaux le Peugue et la Devèze, dans la Garonne. Au bord du fleuve, les remparts avec leurs vieilles tours et notamment la jolie porte de Caillau, dite aussi porte du Palais, construite à la fin du XVe siècle. Au delà de cette porte, le Parlement ou Palais de l'Ombrière. Au loin, la ville se perdant dans l'horizon. Il y a une légende. Dessin et eauforte très artistiques, mais un peu fantaisistes peut-être comme reconstitution. Cette vue a été gravée pour une publication bordelaise dont nous avons parlé au numéro 17.

§ II. — VUES ET PLANS DES XVIᵉ ET XVIIᵉ SIÈCLES

28. — (1563.) — Le vif pourtrait de la Cité de Bordeaux. — *A Lyon, par Jean d'Ogerolles*, 1563.

Double pet. in-folio (0,19 × 0,26). — Gravure sur bois.
Dans *Plantz, Pourtraitz et Descriptions de plusieurs villes et forteresses, tant de l'Europe, Asie et Afrique, que des Indes et terres neuves... Le tout mis en ordre, région par région, par Antoine du Pinet*. A Lyon, par Jean d'Ogerolles, 1564, in-fol., pages 38-39.

Vue à vol d'oiseau de la ville du xvıᵉ siècle entourée de son enceinte fortifiée du xıvᵉ siècle et donnant les rues avec leurs maisons et les monuments en élévation, parmi lesquels on remarque le fort du Hâ, construit à la fin du xvᵉ siècle, la porte du Palais, de la même époque, et, en dehors des murs, le temple de Tutelle et l'amphithéâtre dit Palais-Gallien. Au bas, une légende avec numéros de renvoi aux principaux édifices. Le plan est entouré d'un cadre dans le goût de l'époque, ayant dans le haut, de chaque côté, une tête de Silène. Il est finement gravé sur bois, mais on ignore le nom du graveur ; Jean d'Ogerolles n'a été que l'imprimeur-éditeur de l'ouvrage.

Cette vue de la ville de Bordeaux a beaucoup d'inexactitudes et on a un peu trop sacrifié à la fantaisie ; mais, quoi qu'il en soit, elle offre un grand intérêt, car c'est la première vue qui nous montre la ville dessinée par un contemporain. L'artiste est-il venu à Bordeaux ou a-t-il établi son dessin d'après des documents qui lui ont été fournis ? Nous ne pouvons le dire. Antoine du Pinet, sieur de Noroy, né à Besançon ou à Baume-les-Dames et mort à Paris vers 1584, l'auteur du texte, donne aux pages 40 et 41 une description historique de la ville et consacre les pages 42 à 48 à une relation des troubles de la Gabelle de 1548 : « Discours de la Ribaine et émotion des Saintongeois et Bourdelois, pour raison de la gabelle du sel, » récit qu'il a emprunté, nous apprend-il, à son maître Guillaume Paradin. Les villes de France représentées dans l'ouvrage de du Pinet sont Paris, Lyon, Bordeaux, Perpignan, Thionville, Montpellier, Poitiers et Tours (exemplaire à la Bibliothèque nationale, inventaire G. 638).

L'ouvrage de du Pinet n'a fait que continuer celui de Guillaume

Guéroult, *Le premier livre des figures et pourtraictz des villes plus illustres et renommées d'Europe*, Lyon, chez B. Arnoullet, 1552, in-fol., livre introuvable que Brunet dit n'avoir jamais vu, et *L'Epitome de la Corographie d'Europe*, Lyon, B. Arnoullet, 1553, in-fol., livre très rare mais dont il existe des exemplaires à la Bibliothèque nationale (réserve G. 1395), à la Bibliothèque de la ville de Paris et à la Bibliothèque de la ville de Bordeaux (catalogue Histoire, n° 423). Ces cosmographies ne contiennent pas le plan de Bordeaux.

On retrouve le plan de Bordeaux de du Pinet, tiré sur le même bois, mais sans le cadre, qui a été remplacé par une bordure de texte, dans la *Cosmographie Universelle de tout le monde... Auteur en partie Munster, mais beaucoup plus augmentée, ornée et enrichie par François de Belle-Forest, Comingeois...* A Paris, chez Nicolas Chesneau, 1575, 2 tomes en 4 vol. in-fol. Le premier volume, pages 378 et suiv., renferme un chapitre intitulé : « Du pays, contrées, Séneschaussées, Villes, Cités et Seigneuries qui sont sous la souveraineté du Parlement estably en la cité de Bourdeaux » et le plan occupe les pages 381 et 382, avec le titre : « Le Vif pourtraict de la cité de Bourdeaux, » entouré de texte et au bas une légende : « S'ensuyt les lieux notables de la Ville de Bourdeaux. » Dans le privilège daté de 1572, les éditeurs Nicolas Chesneau et Michel Sonnius font savoir que « Sébastien Munster, que Bellefortest continue, dans sa *Cosmographie Universelle* a principalement singularisé son pays d'Allemagne et que le sieur du Binet (*sic*) l'aurait commencé à vouloir continuer pour un sien œuvre intitulé *Les Plants et Portraits des Villes*, imprimé en notre ville de Lyon en l'an 1564. Ce néanmoins ledit œuvre aurait été délaissé imparfait et manque de plusieurs descriptions de pays... » La cosmographie allemande de Munster à laquelle il est fait allusion est intitulée : *Cosmographei oder Beschreibung aller Länder, Herrschaften, furnemsten Stetten, Geschichten, Gebreuchen, Hautierung... von Seb. Munster.* Basel, H. Petri, 1541, in-fol. avec fig. sur bois. Il y a eu de cet ouvrage de nombreuses éditions, en 1550, 1564, 1574, 1578, 1592, 1598 et 1614, et des traductions en latin, *Bâle*, 1550, 1554, en français, *Bâle*, 1552, et en italien, *Bâle*, 1558; mais ce n'est que dans l'édition de 1578 que la vue de Bordeaux figure pour la première fois, après avoir paru d'abord dans le du Pinet, en 1564, et dans le Belleforest, en 1575. C'est le même bois qui a servi à ces différents éditeurs qui se le sont prêté, et la légende typographique seule a été changée : elle est en français, en allemand ou en latin, selon que l'épreuve appartient à une édition dans une de ces langues. Dans Belleforest, la vue n'a pas de cadre et elle est entourée de texte. Cette vue n'est pas rare, on la trouve assez facilement dans les cartons des marchands d'estampes qui cassent habituellement ces recueils pour vendre séparément les vues des villes.

La Cosmographie de Munster était le guide du voyageur au XVIe siècle, et, dans son *Journal de Voyage en Italie*, Montaigne regrette, lorsqu'il est à Lindau, de ne pas avoir pris soin de mettre son Munster dans ses coffres de bagage. L'exemplaire précieux qui a appartenu à l'auteur des *Essais*, après avoir fait partie de la bibliothèque de M. Clouzet aîné, de Bordeaux, est conservé aujourd'hui à la Bibliothèque nationale, dans le fonds Payen.

Dans la description de Bordeaux, Belleforest parle des magnifiques ruines du temple romain de Tutelle qui, à la fin du XVIe siècle, s'élevaient aux portes de la ville, sur l'emplacement occupé de nos jours par le Grand-Théâtre et il écrit : « En icy j'ay pour tesmoing et confirmateur le sieur Vinet, la mémoire duquel j'honore, qui ès antiquitez de Bourdeaux en discourt, comme celui qui est des mieux versez hommes de notre âge, en ce qui concerne l'histoire de telles recherches, et lequel livre m'a été mis en main par un mien amy et ancien compaignon, Bernard de Girard du Haillan, natif de Bordeaux et un des ornements modernes de sa patrie... » Le livre dont parle ici Belleforest est le *Discovrs svr l'Antiqvité de Bovrdeavx* qu'Élie Vinet, le savant principal du collège de Bordeaux, avait publié en 1565, avec une seconde édition en 1574, ouvrage qui contient un plan de Bordeaux dont nous allons avoir à nous occuper dans le numéro suivant.

La vue de Bordeaux de du Pinet-Belleforest a été reproduite dans l'Album de *Bordeaux, Aperçu historique*... 1892, *op. cit.*, avec le titre : *Bordeaux sous François Ier*, ce qui est inexact : en 1564, date de la publication de la première édition de ce plan, c'est Charles IX qui régnait en France; puis dans l'*Histoire de Bordeaux*, de C. Jullian, 1895, et en réduction dans l'*Histoire des monuments anciens et modernes de la Ville de Bordeaux*, par Aug. Bordes, 1845, 2 vol. in-4º, t. I, p. 152; mais ces auteurs ont ignoré la véritable origine de cette vue à vol d'oiseau que nous sommes le premier à faire connaître.

Nous nous sommes un peu étendu sur l'histoire de cette vue de Bordeaux au XVIe siècle parce que les détails que nous venons de donner sont peu connus et parce qu'ils pourront servir à ceux qui auront à faire des recherches sur les autres vues de villes de Belleforest, très consultées de nos jours.

29. — (**1565.**) — Bovrdeavx. 1565.

In-4º (0,135 × 0,203 mill.). — Gravure sur bois.

Dans *L'Antiqvité de Bovrdeavs. Présentée au Roy le treiziesme jour d'Avril l'an mille cinq cens soixante cinq. A Poitiers, de l'Imprimerie d'Enguilbert de Marnef*, 1565, in-4º de 28 ff. non chif. et un plan. L'auteur est le savant Élie Vinet, principal du Collège de Guyenne, à Bordeaux, qui profita du passage du roi Charles IX dans cette ville pour lui présenter son ouvrage.

Cette vue à vol d'oiseau est prise depuis la rive droite de la Garonne, en face de la ville, depuis le faubourg de La Bastide, où l'on n'aperçoit que deux maisons et quelques arbres. Aujourd'hui ce même faubourg compte plusieurs milliers de maisons, de nombreuses usines, trois gares de chemins de fer et une population de plus de 18,000 habitants. Au delà de la Garonne, la vue nous montre la ville de Bordeaux au XVIᵉ siècle, mais avec ses remparts et ses principaux monuments seulement, les rues et les maisons ne sont pas indiquées. On y trouve les trois enceintes qui étaient à cette époque en partie debout, avec les portes fortifiées de la troisième enceinte, portes Sainte-Croix, Saint-Julien, Saint-Germain, des Chartrons, etc., les églises Saint-André, Sainte-Croix, Sainte-Eulalie, Saint-Pierre, Saint-Remy, Puy-Paulin, Sainte-Colombe, Saint-Siméon, Saint-Projet, et d'autres édifices comme les principaux couvents, le palais du Parlement, le collège de Guyenne, l'hôtel de ville, le château du Hâ, les ruines du temple romain de Tutelle, dites Piliers de Tutelle, le Château-Trompette, et, en dehors de la ville, l'église Saint-Seurin et les ruines de l'amphithéâtre romain, dites Palais-Gallien. Dans le ciel, on a placé les armes de la ville entourées d'une banderole portant : *Bovrdeavx*, 1565.

Cette vue à vol d'oiseau, quoiqu'un peu sommaire, a été très consultée et utilisée par les archéologues bordelais. Elle offre en effet toute garantie d'exactitude, car son auteur, Élie Vinet, avait étudié de très près les origines de la topographie de la ville qu'il habita pendant près d'un demi-siècle, et de plus, professeur de mathématiques et de géométrie au collège de Guyenne, il s'était occupé tout spécialement d'arpentage et il publiera même plus tard, en 1577, un traité d'*Arpanterie* à l'usage des arpenteurs qui étaient à cette époque, nous apprend-il, « très ignorants de leur métier ». L'auteur de l'*Antiqvité de Bovrdeavs* était donc parfaitement qualifié pour dresser un plan de la cité bordelaise.

Cette vue de Bordeaux au xvie siècle a été reproduite encore, tirée sur le même bois, dans deux autres éditions de l'*Antiqvité de Bovrdeavs*, parues du vivant de l'auteur, l'une sans date et qui n'est qu'une nouvelle émission de celle de 1565 avec un changement de titre et une réimpression du plan (la légende typographique a été recomposée), et l'autre, augmentée et publiée à Bordeaux en 1574 et dans les éditions du poète bordelais Ausone, avec commentaires de Vinet et publiées, une première en 1575-1580 et une seconde en 1590, avec nouvelles émissions en 1591, 1592, 1596, 1598 et 1604. Dans l'édition d'Ausone de 1575-1580, le plan a du texte au verso, mais dans les autres il est tiré à part. La légende typographique a été modifiée et le mot *Bovrdeavx* des armoiries a été corrigé en *Bovrdeavs*. On peut consulter sur l'ouvrage de Vinet et le plan qui l'accompagne une *Étude bibliographique* sur ce livre, que nous avons publiée dans la *Revue de Saintonge et d'Aunis*, numéros de février, avril et juin 1907.

On trouve encore le plan de Vinet dans *Études sur l'histoire de Bordeaux, de l'Aquitaine et de la Guyenne*, par H.-Ch. Guilhe, Bordeaux, 1835, in-8°, dans une nouvelle édition de l'*Antiqvité de Bovrdeavs*, de Vinet, donnée en 1862 par H. Ribadieu, et dans *Bvrdeaux vers 1450*, de Leo Drouyn, 1874, in-4°.

30. — (**1575**.) — Civitatis Bvrdegalensis in Aqvitanea genuina descrip[tio]. S. d. (vers **1575**).

In-4° (0,160 × 0,222 mill.). — Gravure sur cuivre.

Dans *Civitatis orbis terrarum in æs incisæ et excusæ et descriptione topographica illustratæ*, Coloniæ, Braun et Hogenberg, 1572-1618, 6 tomes en 3 vol. in-fol., avec 571 plans et vues gravés au burin. Le texte de cette importante publication est dû à E. Braun, archidiacre de Cologne, et la gravure à Fr. Hogenberg et van den Noevel, d'après les dessins de plusieurs artistes et notamment de Georges Haefnagel. Il a été fait en même temps une édition avec texte allemand et une autre avec texte français, à Bruxelles, 1574 et suiv., 2 vol. in-fol. Dans l'édition en latin, le plan de Bordeaux est dans le tome I, pl. 9, à quart de planche.

Cette vue à vol d'oiseau est une réduction avec quelques légers changements de celle qui a paru dans les ouvrages de du Pinet et de Belleforest-Munster que nous venons de décrire.

31. — (**1579**.) — Civitatis Bvrdegalensis in Aqvitanea genvina descriptio ad (*sic*) Georgio Bruin et Francisco Hogenbergio. Anno domini 1579. — J. J. Lestage *fecit*, 1757.

Dimension : 0,62 × 0,85 cent. Dessin à la plume.

Cette pièce inédite qui se trouve dans notre collection est un agrandissement de la vue à vol d'oiseau de Braun et Hogenberg (le numéro précédent) obtenu au moyen du système des carreaux et très finement dessiné à la plume et à l'encre de Chine, au xviiie siècle, par un nommé Lestage, dont le nom n'a jamais été encore cité, mais qui, dans un document qui nous est récemment passé sous les yeux, est qualifié : « Géographe de Bordeaux, immatriculé au Chapitre de Saint-André. » Cette vue à vol d'oiseau n'a jamais été citée, nous l'avons acquise il y a quelques années, dans une vente publique où elle avait été présentée comme gravure. On va voir dans le numéro suivant que le dessin de Lestage a été reproduit au xixe siècle.

32. — (**1579**.) — Vue de la Ville de Bordeaux en 1550, d'après un dessin original de la même époque et de la même dimension. — A. Detcheverry *fecit*. — Lith. Laborie. S. l. n. d. (*Bordeaux, vers 1860*).

Dimension : 0,62 × 0,88 cent. — Lithographie.

Cette vue à vol d'oiseau est un simple calque reporté sur pierre du dessin précédent, mais très médiocre et qui est loin de valoir le dessin de Lestage. Par conséquent, on se demande pourquoi l'auteur de cette lithographie, A. Detcheverry, qui était archiviste de la Ville, a mis sur le titre : « D'après un dessin original de la même époque et de la même dimension. » Ce dessin original de l'époque, c'est-à-dire de 1550, est absolument inconnu actuellement. Existait-il aux Archives municipales avant l'incendie de 1862 ? Nous faisons plus qu'en douter. Nous avons fait faire des recherches dans les inventaires de ce dépôt et on n'a rien trouvé. D'un autre côté, le titre du dessin de Detcheverry dit qu'il est de la même dimension que le dessin de 1550. Or, cette dimension est exactement celle du dessin de 1757 de Lestage et ce dernier indique bien que son travail est un agrandissement de la vue de Braun de 1579. Il est donc certain que le dessin de Detcheverry n'est qu'un calque pur et simple du dessin de 1757 et que l'archiviste de la Ville, auquel on l'avait communiqué, ne l'a pas cité afin de donner à sa publication plus de valeur qu'elle n'en avait réellement.

33. — (1579.) — PLAN DE LA VILLE DE BORDEAUX EN 1550 et sur lequel Vinet dressa celui qu'il présenta à Charles IX en avril 1565. — Adolphe Héquet *del*. — *Lith. Gustave Chariol, Bordeaux*. S. d. (1860).

Dimension : 0,37 × 0,56. — Lithographie.

Dans *L'Antiqvité de Bovrdeavs et de Bovrg*, d'Élie Vinet, par Henri Ribadieu, Bordeaux, 1860, in-4°.

Vue à vol d'oiseau qui n'est qu'une reproduction de la précédente, mais à une petite échelle ; de plus, elle est modernisée, agrémentée, c'est-à-dire altérée. Le titre porte également : « Plan de Bordeaux en 1550, » reproduisant ainsi l'erreur (?) de l'archiviste Detcheverry, mais avec cette circonstance aggravante qu'on a ajouté « sur lequel Vinet dressa celui qu'il présenta à Charles IX en 1565 », voulant ainsi laisser croire, dans une réédition de l'*Antiqvité de Bovrdeavs* de Vinet, que celui-ci s'était servi de ce fameux plan de 1550. Or, l'éditeur de 1860 a joint à sa publication un fac-similé du véritable plan donné par Vinet en 1565 (voy. le numéro 29) et il est facile ainsi de se rendre compte qu'il n'y a aucun rapport entre ces deux plans. D'ailleurs, si le plan de 1550 eût existé, Vinet n'eût pas manqué de s'en servir en 1565 et il eût donné une vue complète de la ville, comme le plan supposé de 1550, avec tous ses monuments et toutes ses rues, au lieu d'une vue très sommaire. Plus tard, en 1574, l'auteur de *L'Antiqvité de Bourdeavs* donnera une nouvelle édition de son livre et, désirant y placer un plan de la ville plus complet que celui de 1565, il va demander à l'administration municipale l'autorisation de lever un nouveau plan « pour aultant que le pourtrait de la ville, lorz faict (celui de 1565) n'est prou ample pour bien monstrer la première figure et grandeur d'icelle et de ses creues (de ses accroissements) et qu'à cette cause en vouldroict faire ung de nouveau, ce qu'il ne pourroict à tous le moings qui feut de valeur sans aller par toutes les murailles, places, rues de la ville et les bien compasser ». (Délibérations de la Jurade bordelaise d'avril 1572, Archives municipales de Bordeaux, série BB.) Cette citation prouve une fois de plus qu'il n'existait pas alors de plan de la ville en 1550, car Vinet l'aurait connu et n'aurait pas manqué de s'en servir au lieu d'en dresser un lui-même. Quoi qu'il en soit, il renonça à établir une nouvelle vue plus complète que celle de 1565, car c'est encore cette dernière qu'il a placée dans son édition de l'*Antiqvité de Bovrdeavs* de 1574 et dans son édition d'Ausone de 1575-1580 (voy. ce que nous disons à ce sujet au numéro 29).

Cette lithographie de 1860 a été tirée à part : la pierre est restée chez l'éditeur qui en a fait faire plusieurs tirages successifs jusqu'en 1880. Ces tirages portent le sous-titre : « P. Chaumas, libraire-éd., à Bordeaux. » S. d. Enfin il y a eu un autre tirage pour l'ouvrage que nous allons citer dans le numéro suivant. En résumé, la vue de 1860 est une copie réduite et modifiée de celle de Detcheverry, publiée vers la même époque (n° 32); cette dernière n'est qu'un calque du dessin à la plume inédit, de Lestage, de 1757 (n° 31), lequel dessin est un agrandissement de la vue à vol d'oiseau de l'ouvrage de Braun (n° 30) et la vue de Braun étant une reproduction de celle de du Pinet, de 1563 (n° 28), celle-ci est le prototype de toutes ces vues à vol d'oiseau de Bordeaux au xvie siècle.

34. — (**1579**.) — Plan de la Ville de Bordeaux en 1550 et sur lequel Vinet dressa celui qu'il présenta à Charles IX en avril 1565. Pour servir à l'histoire de Bordeaux de l'abbé Patrice-John O'Reilly. — Adolphe Héquet *del*. — Lith. Gustave Chariol, Bordeaux. S. d. (1860).

Dimension : 0,37 × 0,56. — Lithographie.

Dans *Histoire complète de Bordeaux*, par l'abbé Patrice-John O'Reilly, Bordeaux, 1863, 6 vol. in-8°, t. IV. — Même lithographie en second tirage que la vue précédente.

35. — (**1579**.) — Plan de la Ville de Bordeaux en 1550. *L. Robin, libraire-éditeur, Bordeaux*. S. d. (1891).

Dimension : 0,25 × 0,38. — Lithographie.

Dans *La Vénérable Jeanne de Lestonnac... fondatrice de l'ordre de Notre-Dame*, par le R. P. Mercier. Paris, 1891, in-8º. — Reproduction réduite, par le procédé dit au caoutchouc, de la vue de 1860 (nº 33). Il en a été fait un tirage à part.

36. — (Fin du XVIᵉ siècle.) — PLAN DE LA VILLE DE BORDEAUX EN 1550, tiré des documents de l'époque par Molas Autho (*sic*). — G. Chariol. S. d. (vers 1865).

Double in-fol. (0,43 × 0,60). — Lithographie.

Plan géométral représentant les trois enceintes, les principaux monuments et les rues auxquelles on a donné des noms modernes. Il n'y a pas les faubourgs. En cartouches : une légende et deux vues de la place de l'Ombrière et de la place Saint-Germain. — Plan fantaisiste établi d'après les vues à vol d'oiseau de Bordeaux au XVIᵉ siècle que nous venons de citer. Le même auteur a publié une autre vue tout aussi fantaisiste de Bordeaux au XIIIᵉ siècle (voy. le numéro 20).

37. — (**1631-1634.**) — BORDEAUX. — S. l. n. d. (*Paris*, 1631-1634).

Pet. in-4º oblong (0,130 × 0,150 mill.). — Gravure sur cuivre.

Dans *Les Plans et profils de toutes les principales villes et lieux considérables de France*, par Nicolas Tassin. Paris, chez Séb. Cramoisy, 1631 et 1634, 2 vol. in-4º oblong. Autres éditions en 1638, 1644 et 1654. L'ouvrage est divisé par provinces avec un titre spécial pour chaque partie. La Guyenne a pour titre : *Plans et Profilz des principales villes de la province de Guyenne avec la carte générale et les particulières de chaque gouvernement d'icelles*. Cette partie comprend, outre le titre et la table, vingt et une cartes numérotées de 3 à 23 et donne, avec les cartes des gouvernements, les plans géométraux des villes fortes, Royan, Blaye, Bourg, Bordeaux, Libourne, Fronsac, Bergerac, Bayonne, Lectoure et Cahors. Pour Bordeaux et Royan, il y a en plus des vues cavalières. On y trouve encore le phare de Cordouan. Dans certains exemplaires ces trois dernières vues sont coloriées.

Cette vue cavalière de Bordeaux, finement gravée et assez exacte, mais de petite dimension, est prise depuis la rive droite de la Garonne, en face de la ville, depuis la pointe du faubourg de La Bastide qui n'a encore que deux petites maisons et quelques arbres. Quelques navires et barques flottent sur la Garonne. Au delà de la rivière, la ville en amphithéâtre, avec ses nombreux clochers. Au loin, au couchant, les coteaux dont on a exagéré les hauteurs pour pouvoir montrer les châteaux et les églises des paroisses environnantes.

Cette vue de Bordeaux, du commencement du xviie siècle, est fort jolie, quoique de dimension trop restreinte ; elle inaugure la série de ces vues cavalières gravées sur cuivre et éditées au xviie siècle en France, en Hollande et en Allemagne.

38. — (**1638-1649.**) — Burdigala Aquitaniæ Metropolis. S. d. (1638-1649).

Dimension : 0,195 × 0,319 mill. — Dessin à la plume lavé d'encre de Chine. (Bibliothèque Impériale de Vienne.)

L'auteur de cette vue panoramique de Bordeaux est Hermann van der Hem, originaire d'Amsterdam et qui habita Bordeaux pendant dix ans ; il y mourut en 1649, à l'âge de trente ans, et c'est pendant son séjour dans cette ville qu'il en prit ce dessin avec d'autres croquis de vues et de monuments de la ville et de la région du sud-ouest de la France, croquis qui sont conservés à la Bibliothèque Impériale de Vienne, dans un exemplaire de l'Atlas de Blaeu, t. V, pl. 2.

Cette vue est prise de très loin, depuis les hauteurs de Cenon, sur la rive droite de la Garonne, et reproduit la ville d'une manière très sommaire, en fond de paravent. Au point de vue documentaire, elle est presque nulle. De plus, l'avant-plan est déplorable : il représente quelques personnes à table en plein air, l'auteur et ses amis sans doute, — ce ne sont certainement pas des Bordelais, — dans un état d'ébriété tout hollandais, dans le goût de Téniers et de Jordaens.

Cette vue a été reproduite avec d'autres dessins de van der Hem, dans *Bordeaux et la région du Sud-Ouest au temps de Louis XIII*, Bordeaux, 1904, album in-fol. oblong (publié par la *Société des Archives historiques de la Gironde*), pl. n° 2 (cliché C. Angerer et Goschl ; impr. Wetterwald frères, Bordeaux).

On peut consulter sur les dessins de van der Hem : G. Goyau, *Le Vieux Bordeaux à la Bibliothèque Impériale de Vienne*, Rome, 1894, in-8° (extr. des *Mélanges d'archéologie et d'histoire*, publiés par l'École française de Rome, t. XIV), et l'introduction de l'album publié par la *Société des Archives historiques de la Gironde*.

39. — (1649.) — BORDEAUX. Anonyme et s. d. (1649).

Dimension : 0,120 × 0,145 mill. — Gravure sur cuivre.

Dans *Jodoci Sinceri Itinerarium Galliæ... cum Appendice de Burdigala, ac iconibus urbium præcipuarum illustratum*. Amstelodami, apud Jodocum Jansonium, 1649, in-12, p. 84.

Vue cavalière qui est une copie un peu réduite de celle de Tassin de 1631 (n° 37).

Jodocus Sincerus est le pseudonyme de Juste Zinzerling, archéologue hollandais qui, dans un voyage qu'il fit en France au commencement du xviie siècle, séjourna assez longtemps à Bordeaux, en 1612. Son itinéraire, publié d'abord à Lyon, en 1612 ou 1616, eut plusieurs éditions : *Strasbourg*, 1617, 1649, 1656; *Genève*, 1627, et *Amsterdam*, 1649, 1655, in-12; mais seules les éditions hollandaises ont des vues de villes gravées au nombre de vingt-deux. L'*Appendix* sur Bordeaux, pp. 255-340, donne une description très intéressante de Bordeaux et de ses principaux monuments.

Il y a eu une traduction française de l'Itinéraire : *Voyage dans la Vieille France... traduit par Thalès Bernard*, Lyon, 1859, in-12, mais elle ne contient pas l'Appendice sur Bordeaux.

40. — (1661.) — BORDEAUX. S. l. n. d. (Francfort, 1661).

Double in-fol. oblong (0,215 × 0,550 mill.). — Gravure sur cuivre.

Vue cavalière dans *Topographiæ. Beschreibung und Abbildung der vornehmsten Oerter von Math. Zeiler*. Frankfurt-am-Mein, Merian, 1642-1672, 30 parties en 9 ou 10 vol. in-fol., avec cartes et plans. Cette topographie allemande, connue sous le nom de son éditeur Mérian, ne comprend que l'Allemagne, la France et l'Italie, avec un texte descriptif en latin et de nombreuses cartes et vues de villes. C'est une publication très importante. La France, *Gallia*, forme 13 parties en 4 volumes qui ont paru de 1655 à 1661 sous le titre de *M. Z. Topographiae Galliae, sive descriptionis locorum in florentissimo Galliæ regno*, et dans l'édition hollandaise d'Amsterdam, chez Ve J. Bœrsze, de 1660 à 1663. La partie X contient la Guyenne, la Gascogne, etc., sous le titre : *Pars X, in qua de regionibus Guienne,*

Guascoigne, Saintonge, Bearn et vicinis locis aliis, puta Perigord, l'Agenois, etc., agitur. Francofurti ad Mænum, apud Gaspardum Merianum, 1661.

Cette vue panoramique de Bordeaux au XVIIe siècle, qui n'est ni signée ni datée, avec le nom de *Bordeaux* dans le ciel pour tout titre, nous paraît avoir été copiée, mais très agrandie, sur celle de Tassin, de 1631-1634 (n° 37). Comme elle, elle nous montre la ville en amphithéâtre depuis la rive droite de la rivière, mais sans la pointe du faubourg de La Bastide. La Garonne est chargée de navires, dont quelques-uns, tirant des salves d'artillerie, forment le premier plan. A l'horizon, les mêmes coteaux imaginaires surmontés des églises des paroisses environnantes. Cette vue est bien supérieure à celles qui vont suivre et qui en sont une copie. Au premier examen, elle paraît assez exacte, mais en l'étudiant d'un peu près on s'aperçoit qu'il y a beaucoup de fantaisie dans les détails, dans les monuments qui ne sont pas toujours à leur place, dans les remparts, leurs tours et leurs portes. Les clochers des églises ont une forme bizarre, mais n'ont pas encore la hauteur démesurée de ceux que nous allons trouver dans les vues parues postérieurement. Quoi qu'il en soit, cette pièce est assez intéressante et son aspect original et archaïque la fait rechercher des amateurs qui la placent, encadrée, dans leur cabinet.

41. — (**1661.**) — Bordeaux.— Gaspard Mérian *sc.* S. l. n. d. (1661).

Double in-fol. oblong (0,245 × 0,690 mill.). — Gravure sur cuivre.

Cette vue cavalière est une reproduction de la précédente, mais un peu plus grande. Sur la Garonne il n'y a que quelques barques et au bas se trouve une large banderole blanche, sans inscription. Dans le ciel et au milieu du mot *Bordeaux*, l'écu de France timbré de la couronne royale, à droite un autre écu blanc et à gauche un autre blason inconnu timbré d'un chapeau ecclésiastique.

La signature du graveur Mérian au bas de cette pièce pourrait faire croire que cette vue appartient à une des deux éditions allemande ou hollandaise de l'ouvrage de Mérian (le numéro précédent), mais il est plus que probable que c'est le même cuivre qui a servi pour les deux éditions, de sorte que nous ne pouvons identifier la publication à laquelle appartient cette vue panoramique.

42. — (**1661**.) — BORDEAUX. — Justus Danckerts *excudit*. Amsterdam. S. d. (vers 1661).

Dimension : 0,50 × 1m59, sans l'entourage. — Gravure sur cuivre.

Cette vue cavalière, de très grande dimension, est une copie très agrandie de celles de Tassin et de Mérian (nos 37 et 40), mais on a ajouté dans le faubourg de Paludate l'« Hospital neuf des Manufactures », le faubourg des Chartrons, très étendu, et la pointe du faubourg de La Bastide, sur la rive droite du fleuve, d'où la vue est prise et où l'on remarque trois grands arbres et la maison du passeur formant premier plan. Au bas de la gravure, près du cadre, un cartouche supporté par deux naïades porte une dédicace à Juan Chard et Juan Emmanuel Huegla, signée Cornelius Danckerts, l'éditeur de cette vue; au-dessus de ce cartouche, les armoiries de ces deux personnages. Dans le ciel, le mot *Bordeaux*, avec, de chaque côté, les armoiries de France et de la ville. Les clochers des églises Saint-Michel et Saint-André sont d'une hauteur démesurée.

Cette vue doit avoir un large entourage que nous n'avons rencontré que sur l'exemplaire de la Bibliothèque nationale, département des estampes. Cet entourage contient des monuments de Bordeaux, savoir : 1º « Un antique qu'on voit dans la muraille de l'entrée du (*sic*) Maison de ville »; 2º « Le Palais-Gallien »; 3º « Tombeau de pierre de l'église Saint-Seurin »; 4º « Le fort de La Bastide »; 5º « Les Piliers de Tutelle »; 6º « La tour de Cordouan ». Enfin, occupant tout le bas de l'estampe, une large légende historique en hollandais et en français intitulée : « Description de l'ancienne et renomée Ville de Bourdeaux... Amsterdam, chez Corneille Danckerts. » S. d.

Cette grande vue panoramique de Bordeaux, la plus grande qui ait jamais été publiée, est rare. Outre l'exemplaire de la Bibliothèque nationale, nous pouvons citer ceux des Archives municipales de Bordeaux et de la Bibliothèque de cette ville, celui de notre collection et deux autres chez deux amateurs bordelais et parisien, mais à ces cinq exemplaires il manque l'entourage.

43. — (**1665**.) — BORDEAUX. Jollain *excudit*. S. d. (vers 1665).

Dimension : 0,315 × 0,500 mill. — Gravure sur cuivre.

Vue cavalière prise de la pointe de la rive droite où se trouvent quelques maisons. Dans le ciel, une banderole sur laquelle est inscrit le mot *Bordeaux*, avec, au-dessous, une petite carte du « Gouvernement de Bordeaux » et, de chaque côté, les armoiries de France et de la ville. Au-dessous du cadre, dans la marge, une double légende historique en latin et en français. Cette vue reproduit celles de Mérian et de Danckerts (n°s 40 et 42).

44. — (Vers 1660.) — LA VILLE DE BORDEAUX AU XVIIe SIÈ-CLE. A. Detcheverry *fecit.* — Lith. Laborie. Publié par Arnaud Detcheverry et Clouzet aîné, d'après les gravures et les documents qui se trouvent aux Archives de la Mairie de Bordeaux. *Se trouve chez Mrs. Detcheverry, rue Leyteire, 93, et Clouzet aîné, rue d'Aquitaine, 34.* S. l. (*Bordeaux*) et s. d. (vers 1860).

Dimension : 0,35 × 1 mètre. — Lithographie.

Cette nouvelle vue, dessinée et publiée encore par A. Detcheverry, l'archiviste de la Ville, comme le numéro 32, n'a pas été établie d'après des gravures et des documents des Archives de la ville, comme l'annonce le titre; c'est une simple copie de la vue cavalière hollandaise de Danckerts (n° 42), avec quelques modifications : on a supprimé la pointe du faubourg de La Bastide sur la rive droite de la Garonne, on a un peu diminué la hauteur des flèches de certaines églises et on a donné moins d'étendue aux faubourgs. Le dessin est médiocre, la lithographie mauvaise. Clouzet aîné était un professeur libre de littérature qui est décédé en 1881.

45. — (1669.) — BORDEAUX. 1669. — *A Paris, chez Nicolas Berey, Enlumineur du Roy, proche les Augustins...* 1660-1669.

Dimension : 0,30 × 1 mètre. — Gravure sur cuivre.

Vue cavalière prise de la rive droite, comme celle de Danckerts (n° 42), dont elle est une copie et dont elle a tous les défauts : clochers d'une hauteur exagérée et au loin, au couchant, des collines qui n'existent pas. Mais on a donné à la pointe du faubourg de La Bastide, au premier plan, plus d'étendue, on y a ajouté deux ou trois maisons et une grande croix de carrefour au bord de la rivière, à l'endroit où se faisait le passage de Bordeaux à La Bastide en traversant la Garonne. Dans le ciel, comme dans la vue de Danckerts, le mot *Bordeaux* sur une banderole, et de chaque côté, les armoiries de France et de la ville.

Au bas du cadre il y a une légende historique détachée, intitulée : « Description de l'ancienne et renomée ville de Bourdeaux... » Il n'y a pas de nom de graveur, mais dans un coin se trouve, dans un cartouche, la tour de Cordouan, avec la mention : « A Paris, chez Lailliot, 1669. »

Cette vue, qui est assez rare, a été reproduite en simili-gravure, mais réduite (0,20 × 0,55), dans l'*Histoire de Bordeaux*, de C. Jullian, 1895, in-4º, p. 390. — Il y a eu, au XVIIe siècle, un second tirage de cette vue de Nicolas Berey, sans date; on a supprimé le nom du premier éditeur, ainsi que la pointe du faubourg de La Bastide et la tour de Cordouan, et au-dessous du cadre se trouve la liste des principaux monuments de la ville. Nous avons vu un exemplaire de ce tirage chez notre collègue et ami M. Pierre Meller, érudit bordelais.

46. — (**Fin du** XVIIe **siècle.**) — BORDEAUX, ANCIENNEMENT BURDIGALA, Ville capitale de la Guyenne, avec Siège archiépiscopal, Parlement, Sénéchaussée, Chambre des Comptes, Cour des Aides, Intendance, Généralité et Élection. Elle a un beau port de mer sur la gauche de la Garonne. *A Paris, chès Charpentier, rue Saint-Jacques, au Coq.* S. d. (XVIIIe siècle).

Dimension : 0,325 × 0,500 mill. — Gravure sur cuivre.

Cette vue cavalière est une copie réduite de la précédente, avec le même premier plan du faubourg de La Bastide, mais les monuments de la ville ont été dessinés d'une manière déplorable et les flèches des clochers des églises, surtout celles de Saint-Michel et de Saint-André, sont d'une hauteur invraisemblable. Cette même vue existe coloriée, c'est-à-dire barbouillée en vue d'optique, *à Paris, chès Daumont*, et c'est probablement pour donner au spectateur dans ces appareils d'optique, sortes de dioramas très en vogue au XVIIIe siècle, l'illusion de la perspective, qu'on a donné aux clochers ces hauteurs exagérées. Cette estampe a été publiée au XVIIIe siècle, mais elle donne la ville du XVIIe siècle, sans la grande forteresse du Château-Trompette, édifiée à la fin du XVIIe siècle.

Il a été publié, au XVIIIe siècle, des copies réduites de la vue de Charpentier, en noir et en couleurs, à Paris et en Allemagne, mais elles n'ont aucune valeur documentaire et nous ne croyons pas devoir les mentionner.

47. — (Fin du XVII⁰ siècle.) — DESCRIPTION DE LA VILLE DE BOVRDEAVX, Capitale de la Gvienne et Grand port de mer. S. l. n. d. (fin XVIIe siècle).

Dimension : 0,27 × 0,69. — Gravure sur cuivre.

Vue cavalière prise de la rive droite de la rivière, avec la Garonne chargée de navires au premier plan. Cette vue a été publiée à la fin du XVIIe siècle par Boissau, l'éditeur de l'ouvrage bien connu de Claude Chastillon, *Topographie françoise*, 1647, in-fol., donnant la description et les plans et figures des principales forteresses et des châteaux forts de la France au XVIIe siècle. Mais cette planche n'est pas dans le Chastillon, comme on pourrait le croire, elle a été publiée à part, et la ville de Bordeaux n'est pas représentée dans la *Topographie françoise*. De toutes les vues de Bordeaux aux hauts clochers qui ont paru dans la seconde moitié du XVIIe siècle et au XVIIIe, celle-ci est certainement la plus extraordinaire. Certaines flèches, comme celles des clochers de Saint-Michel et de Saint-André, ainsi que les tours de l'hôtel de ville, ont vingt ou trente fois la hauteur des maisons. Mais tout cela s'harmonisait peut-être dans les appareils d'optique dont nous avons parlé. Nous n'avons jamais rencontré cette estampe tirée en couleurs.

On voit que la topographie bordelaise au XVIIe siècle laisse beaucoup à désirer, mais comme pour cette époque il n'y a que ces vues cavalières que nous venons de décrire, on est obligé d'y avoir recours, seulement on ne doit le faire qu'avec la plus grande circonspection. Nous allons maintenant aborder la série des plans géométraux qui commence à la fin du XVIIe siècle.

48. — (1677.) — BOURDEAUX ET SES ENVIRONS. A M^{rs} les Maire et Jurats de la Ville de Bourdeaux. S. d. (vers 1677).

Dimension : 0,51 × 0,67. — Manuscrit. (Archives municipales de Bordeaux.)

Plan géométral anonyme et non daté. Il est dessiné aux trois teintes habituelles : bleue pour les eaux, verte pour les terres cultivées et rose pour les constructions. Il donne à une assez grande échelle la ville entière et tous les monuments avec leurs noms. Il montre de plus les faubourgs, mais sans beaucoup de détails, sauf pour celui de Saint-Seurin qui a été le premier bâti à cause de l'ancienne basilique en grande vénération parmi les Bordelais et autour de laquelle s'étaient élevées depuis longtemps de nombreuses constructions. On y voit de plus le cours de la Garonne, la pointe de la rive droite, La Bastide, et enfin les deux forteresses, le Château-Trompette et le fort Louis, qui ne furent achevées qu'à la fin du XVIIe siècle. C'est un plan très remarquable et très précieux pour l'étude de la topographie de la ville à cette époque.

Au dos du plan, conservé aux archives municipales de Bordeaux, on distingue un nom peu lisible et c'est M. Ed. Mareuse, un érudit parisien bien connu et très versé dans les choses de la cartographie, qui a pu établir que ce nom était celui d'Albert Jouvin, de Rochefort, personnage peu connu, né probablement à Rochefort-sur-Mer, décédé en 1701, qui avait beaucoup voyagé et qui nous a laissé une relation de ses voyages dans un ouvrage en 3 vol. in-12, publié à Paris, en 1672, sous le titre de *Le Voyageur en Europe*, ouvrage très rare contenant une description sommaire de Bordeaux. Jouvin avait dressé, au cours de ses voyages, des plans de plusieurs des villes qu'il avait visitées. Quelques-uns de ces plans ont été gravés, d'autres sont restés inédits, et c'est le cas du plan de Bordeaux que nous décrivons ici et qui a été acheté par les Archives municipales il y a une vingtaine d'années.

M. Mareuse a fait connaître le plan de Bordeaux d'Albert Jouvin dans une notice qui a paru dans la *Correspondance historique et archéologique*, en 1900, avec une reproduction photographique du plan réduit en 0,18 × 0,24 environ. Bien que Jouvin fût venu à Bordeaux avant la publication de son ouvrage, *Le Voyageur françois*, c'est-à-dire avant 1672 et qu'il prît alors les éléments de son plan, M. Mareuse croit que ce plan n'a été définitivement achevé qu'après 1677, à cause de la présence du Château-Trompette qui n'a été terminé que vers cette époque. Jouvin serait revenu à Bordeaux, où il aurait dessiné cette forteresse ainsi que le fort Louis d'après des croquis qui lui auraient été communiqués.

Nous avons fait faire pour notre collection un calque très complet et en couleurs du plan de Jouvin. Il serait à désirer que la Commission de publication des Archives municipales de Bordeaux fît reproduire ce plan inédit, ainsi que ceux que nous allons signaler plus loin.

49. — (Fin du XVIIe siècle.) — BORDEAUX. — S. d.

Dimension : 0,45 × 0,66. — Manuscrit inédit. (Bibliothèque nationale, dép. des Estampes, Topographie de la France.)

Plan géométral anonyme, sans titre ni date. Il est dessiné au trait, non teinté, l'enceinte et les églises sont tracées en rouge. Ce plan est limité à l'enceinte fortifiée de la ville et à la rivière; il n'y a pas les faubourgs. Il ne donne que les principales rues et les églises et couvents, mais sans noms ni légendes. On y voit l'enceinte et ses forts, le Château-Trompette y est indiqué. C'est le Bordeaux de la fin du XVIIe siècle. Nous croyons que ce plan est une copie faite au commencement du XVIIIe siècle et obtenue par un calque d'un plan antérieur. C'est peut-être une copie du plan de Jouvin, de Rochefort, le précédent, mais sans les faubourgs; il faudrait les comparer.

50. — (**1680**.) — PLAN DE LA VILLE, Chasteau et forts de Bordeaux. Fait lanée (*sic*) 1681, au mois d'octobre; f. Masse.

Dimension : 0,59 × 0,71.— Manuscrit inédit. (Collection de l'auteur.)

Plan géométral dessiné très finement au tire-ligne et à l'encre de Chine, légèrement teinté en rose dans son ensemble, plus détaillé pour les faubourgs, les remparts et les forts, Château-Trompette, forts Louis et du Hâ, que celui de Jouvin (n° 48) dont il est contemporain. Il a peut-être même été dressé avant celui de Jouvin, car il n'est pas prouvé que ce dernier, qui n'est pas daté, ait été exécuté en 1677, comme a cru pouvoir l'établir M. Mareuse. Il a été établi à une échelle un peu plus grande et donne, outre les faubourgs, la pointe de la rive droite, la Garonne, les principales rues de la ville, ses monuments, mais sans aucun nom, l'enceinte fortifiée avec ses portes et ses tours de défense. Une légende renvoie avec des numéros aux forts, portes de l'enceinte et à quelques monuments. La forteresse du Château-Trompette est dessinée au complet avec ses bastions et demi-lunes, dont les noms, bastion du Roy, du Dauphin, de la Reine, etc., sont inscrits sur la légende. Ce plan est fort intéressant, nous en connaissons exactement la date et il est plus complet sous certains rapports que celui de Jouvin. Dans tous les cas, ces deux plans sont les premiers qui nous donnent une vue géométrale de la ville.

Quant à son auteur, qui l'a signé et daté lui-même, son nom a été très souvent cité en ces derniers temps et a soulevé même une certaine polémique, comme cela arrive parfois lorsque des érudits se rencontrent sur le même terrain.

Claude Masse était ingénieur-géographe attaché au service militaire des fortifications et places fortes, et notamment à celui de la région du sud-ouest de la France, sous la direction de M. de Ferry, ingénieur militaire en chef de cette région. Masse passa plus de cinquante ans de son existence à relever les plans et les cartes de différentes contrées, mais surtout dans le pays entre la Loire et l'Adour. Il est mort en 1737, à l'âge de quatre-vingt-cinq ans.

En 1880, une grande partie du travail de cet ingénieur fut retrouvée entre les mains d'un de ses descendants. Le service de la Guerre fit l'acquisition de certaines pièces de cet important dossier et le reste fut dispersé. Quelques années plus tard, en 1888, la ville de Bordeaux acheta pour sa bibliothèque une douzaine de cartes de grand format intéressant directement le département de la Gironde et qui étaient au nombre des pièces rejetées par le service de la Guerre. Ces cartes remarquables ont été reproduites en 1896 par la zincographie pour les besoins de différentes administrations locales. Le plan de la ville que nous décrivons ici faisait partie lui aussi très probablement du lot de documents dispersés après l'achat de l'État. Nous l'avons acquis il n'y a pas longtemps d'un particulier habitant le département de Lot-et-Garonne.

Nous avons dit qu'on avait beaucoup discuté en ces derniers temps sur Masse et ses cartes ; on peut consulter à ce sujet : *Bulletin de la Société de Géographie de Rochefort*, année 1881 ; *Bulletin de la Société de Géographie de Bordeaux*, année 1896 ; *Bulletin de Géographie historique et descriptive (Comité des travaux hist. et scientifiques)*, années 1898, 1903, 1905, etc., etc.

51. — (**1691**.) — BOURDEAUX est une ville très considérable, fameux Port, située sur la Garonne à 44 degrez 50 minutes de latit. et à 17 degrez 7 minutes de longitude... *A Paris, chez le Sr de Fer, dans l'Isle du Palais, à la Sphère Royale.* S. d. (1691).

Dimension : 0,215 × 0,275 mill. — Gravure sur cuivre.

Dans *Les Côtes de France, avec toutes leurs fortifications, par Nicolas de Fer...* Paris, 1691, in-4º, autre édition en 1695. M. de Fer était géographe et graveur.

Ce petit plan géométral, le premier qui ait été gravé, est assez sommaire. Il donne la troisième enceinte, les forts Louis et du

Château-Trompette, les principaux monuments et les principales voies, avec quelques noms seulement. Il n'y a ni les faubourgs ni la rive droite.

§ III. — PLANS ET VUES DU XVIIIᵉ SIÈCLE

52. — (**1705**.) — Plan des Ville et Chateaux de Bourdeaux, Capitale de la Guienne et du Bourdelois et de ses environs. — 1705. Échelle : 2 pouces 10 lignes 1/2 pour 100.

Dimension : 1ᵐ18 × 1ᵐ45. — Manuscrit inédit. (Archives nationales, N, 2ᵉ cl., n° 2.)

Grand plan géométral anonyme, très remarquable et signalé ici pour la première fois, car l'inventaire de la série N des Archives nationales, cartes et plans, ne donne aucun détail. Ce plan est dessiné en couleurs, il donne les faubourgs très étendus et très détaillés, les remparts avec leurs forts, les rues, les monuments, mais il n'y a pas les noms; pour les monuments seulement (églises, couvents, etc.), des numéros renvoient à une légende qui est en dehors du cadre. Par son importance et la perfection de son exécution, ce plan est un document de premier ordre. L'administration municipale de Bordeaux, à laquelle nous l'avons signalé, devrait le faire reproduire pour ses archives après l'avoir fait examiner avec soin par une personne compétente. Pour ce qui nous concerne, nous n'avons pas eu le temps de l'étudier avec soin et nous ne pouvons ici en donner une désignation plus complète.

Il y a aux Archives nationales, dans les séries F, N et Q, de nombreux plans partiels concernant Bordeaux qui sont inconnus et qu'il serait utile de faire inventorier en détail.

53. — (**Début du xviiiᵉ siècle.**) — Plan de la Ville et Châteaux de Bourdeaux avec ses environs.

Dimension : 0,460 × 0,615 mill. — Manuscrit inédit. (Bibliothèque nationale, dép. des Estampes, Topographie de la France.)

Plan géométral très curieux et très finement dessiné en deux teintes, rose et verte; le trait est noir. Il est anonyme et non daté.

Il montre la ville telle qu'elle était au commencement du xviiie siècle, avant les grands travaux exécutés sous les administrations des intendants Boucher et de Tourny. Il n'y a pas de noms de rues ni de monuments, mais une légende renvoie à quelques-uns de ces derniers. Les faubourgs sont très détaillés et comprennent les Chartrons, le faubourg Saint-Seurin, la Chartreuse et les faubourgs Sainte-Croix et de La Bastide.

54. — (**Début du xviiie siècle.**) — BORDEAUX. S. d.

Dimension : 0,40 × 0,87.— Manuscrit inédit. (Bibliothèque nationale, dép. des Estampes, Topographie de la France.)

Plan géométral anonyme et non daté, dessiné au trait noir sans teintes et représentant la ville au commencement du xviiie siècle. On y voit les rues, les monuments principaux, les remparts, le Château-Trompette, mais sans noms ni légende. Les faubourgs et la rivière ne s'y trouvent pas. Il n'y a pas de titre.

55. — (**Début du xviiie siècle.**) — BORDEAUX. S. d.

Dimension : 0,40 × 0,56. — Manuscrit inédit. (Bibliothèque nationale, dép. des Estampes, Topographie de la France.)

Plan géométral anonyme et non daté, dessiné avec teintes et nous montrant encore Bordeaux au commencement du xviiie siècle, mais ne donnant pas l'enceinte fortifiée et les forts; les rues ne sont pas tracées et il n'y a pas les faubourgs. Une légende renvoie au plan. Joli dessin.

56. — (**1729.**) — CARTE DE PARTIE DU COURS LA RIVIÈRE GARONNE, passant devant Bordeaux, qui comprend toute la grande portion circulaire qui forme le Port à comancer à la hauteur de Bourbonnette où cette Rivière se redresse en montant; A ; et finit aux environs de L'Ormon où elle reprend un cours droit en descendant; B; pour servir à marquer les courants tant du montant que du dessandant de la Rivière, la juste position des nouveaux bancs de sable qui se sont formés dans son cours, suivant les différantes sinuosités de l'une et de l'autre Rive. Plus le profil de la ditte Rivière

passant par la ligne; C; D; qui fait voir la disposition du terrain des deux costés opposez, les profondeurs d'eau de basse mer et les différents mouvements des Marées. Le tout levé géométriquement sur les lieux et placé sur le raport et les observations des principaux pilotes du pays, au jour de la plaine lune, le 11° juin 1729.

Dimension : 0,78 × 1m63. — Manuscrit inédit. (Bibliothèque de l'Arsenal à Paris, manuscrits, carton 6439, n° 157.)

Carte anonyme dessinée très finement en trois couleurs et donnant le cours de la Garonne sur une grande largeur devant Bordeaux, entre les faubourgs des Chartrons et de Sainte-Croix. Nous l'avons comprise dans ce catalogue parce qu'elle contient le plan géométral de toute la partie de la ville qui borde le fleuve sur une assez grande profondeur, y compris les forts Louis et du Château-Trompette. Il n'y a pas de noms de rues. Dans le bas et en cartouche, une vue panoramique de Bordeaux peinte à l'aquarelle, très jolie mais inexacte. Le long titre ci-dessus est inscrit dans un cartouche avec entourage du style Louis XV et surmonté de l'écu de France. Du côté opposé, une légende avec numéros de renvoi aux monuments et aux forts.

Dans ce même carton 6439 des Manuscrits de la Bibliothèque de l'Arsenal se trouvent plusieurs plans des forts de Bordeaux, de Blaye, du Médoc, de la tour de Cordouan (voir le catalogue imprimé des Manuscrits), un plan géométral de Bordeaux que nous décrivons sous le numéro 62, et un très joli plan géométral de Libourne dressé par Réveillaud, architecte et géographe à Blaye.

57. — (1733.) — PLAN DE LA VILLE DE BORDEAUX telle qu'elle était en l'année 1733 et dans lequel on a observé ses différents accroissements. Dédié et présenté à M. de Tourny, Conseiller d'État, par son humble et très obéissant serviteur J. Lattré. *Paris, chès Lattré, graveur, rue Saint-Jacques, au coin de celle de la Parcheminerie, à la Ville de Bordeaux. Avec privilège du Roy.* S. d. (1759).

Dimension : 0,58 × 0,78. — Gravure sur cuivre.

Plan géométral anonyme, très finement gravé et très exact. Certains exemplaires ont les constructions teintées en rose et les églises en bleu. Il n'est pas daté, mais la signature de l'artiste qui a gravé le joli cartouche contenant le titre ci-dessus, l'habile graveur de vignettes Choffard, est suivie du millésime 1759, ce qui nous donne la date exacte de l'exécution du plan. Il a donc été publié après le grand plan de 1755 (numéro 60) qui montre Bordeaux après les grands travaux d'embellissement exécutés sous l'administration de l'intendant de Tourny et on a voulu montrer ainsi ce qu'était la ville avant sa transformation au milieu du xviiie siècle. C'est pour cela que ce plan est dédié à l'intendant de Tourny, qui quitta Bordeaux en 1757, et que l'élégant cartouche contenant le titre se compose de sujets allégoriques représentant une vieille masure, le Bordeaux avant M. de Tourny, et un superbe temple à colonnes, le Bordeaux après M. de Tourny, avec, au-dessous, les armoiries du fastueux intendant, flatterie un peu exagérée, car les travaux d'embellissement étaient commencés et même très avancés lorsque de Tourny arriva à Bordeaux : la place Royale notamment, aujourd'hui place de la Bourse, ce chef-d'œuvre d'architecture, et toute la belle façade des quais au sud de la ville étaient complètement terminées. En face de ce cartouche, on voit une légende intitulée : « Précis géographique et historique sur la ville de Bordeaux. »

Ce plan est remarquable et très précieux pour l'étude de la topographie de la ville au xvie et au xviie siècle. Il est des plus complets, il nous donne tous les faubourgs très étendus et très détaillés, la Garonne, la pointe de La Bastide, les trois enceintes indiquées par des lignes de couleur, toutes les rues et tous les monuments avec tous leurs noms. Il a été reproduit en réduction dans l'album, pl. 5, de *Bordeaux, Aperçu historique*, 1892 (voy. numéro 108), et dans l'*Histoire de Bordeaux* de C. Jullian, 1895.

58. — (**1738**.) — VUE ET PERSPECTIVE du Port et de la Ville de Bordeaux. — A. Marolles *fecit*, 1738.

Dimension : $0,70 \times 1^m 45$. — Dessin à la plume sur vélin, inédit (collection de l'auteur).

Grande vue panoramique prise depuis les hauteurs de Lormont sur la rive droite de la Garonne. Premiers plans très importants avec de grands arbres, des constructions et des personnages, le tout dominant le fleuve, au delà duquel on voit la ville se développant en demi-cercle depuis Paludate jusqu'à Bacalan. Dessin très fin et très artistique. Dans le ciel, les armoiries de France dans une banderole portant le titre ci-dessus, et dans le bas du premier plan, un gracieux cartouche dans lequel on voit, très finement dessinée, la nouvelle place Royale avec la statue de Louis XV, qui ne fut inaugurée qu'en 1743. Nous ne pouvons mieux faire pour indiquer l'origine de ce dessin que de transcrire ici un extrait de la délibération de la Jurade bordelaise du 18 novembre 1758 :

« Sur ce qui a été représenté que le sieur Marolles, dessinateur, ayant été chargé par Monsieur de Boucher et par mess^{rs} les Jurats de dessiner à la plume, la vue et perspective du port et ville de Bordeaux, il s'était acquitté de ce travail en dessinant lad. vue en perspective qui embrasse la façade du port et de la ville, depuis la maison du s^r Hostein, située au fauxbourg de la Paludate près l'estey Majou, jusques à Bacalan, et qu'il est convenable de donner une récompense proportionnée audit Sr Marolles, tant pour la consommation de cet ouvrage qui est d'une grande perfection, que pour en faire le transport en la ville de Paris, attendu le dessein que M^{rs} les Jurats ont formé de présenter très respectueusement à Sa Majesté cette vue perspective..., » le conseil décida qu'il serait alloué au sieur Marolles une somme de 3,000 livres, savoir 2,400 livres pour son travail et 600 livres pour les frais de son voyage et le transport de la perspective.

A. Marolles est un habile dessinateur et aquarelliste du XVIIIe siècle connu et sur lequel on trouvera quelques notes biographiques dans les *Dessinateurs d'illustrations au XVIIIe siècle*, par le baron Roger Portalis, Paris, 1877, t. I, p. 380, notes qui nous apprennent qu'on pouvait voir exposés au Salon de Paris de 1739, sous le nom de Marolles, ingénieur du Roy, deux dessins à la plume, une *Vue de La Chapelle, près Nogent-le-Rotrou*, et celle de la *Place Royale de Bordeaux*. Ce dernier dessin est évidemment la vue que nous désignons ici.

L'Intendant de la Généralité de Bordeaux, Claude Boucher, sous l'administration duquel on avait construit, de 1723 à 1743, la belle ligne des quais au sud de Bordeaux, la place Royale, aujourd'hui place de la Bourse, avec les élégants pavillons de la Douane et de la Bourse et la superbe statue équestre du Roi, renversée et détruite en 1792 par la populace, l'Intendant, disons-nous, et les Jurats avaient voulu, en faisant exécuter ce dessin, montrer au Roi la vue générale de sa bonne ville de Bordeaux, qu'il n'avait jamais visitée, la place Royale et la magnifique statue qu'on allait ériger en son honneur. On voit que les Jurats firent bien les choses.

Après avoir été exposée au Salon de Paris, cette vue de Bordeaux fut probablement placée dans les galeries de Versailles d'où, par les hasards de nos révolutions sans doute, elle est allée échouer dans la boutique d'un marchand d'estampes où nous l'avons trouvée il y a quelques années, privée de son cadre et en assez mauvais état. Nous l'avons fait réparer avec soin et encadrer de nouveau, et c'est aujourd'hui une des pièces les plus intéressantes de notre collection.

59. — (Vers 1750.) — Plan de la Ville de Bordeaux au xviiie siècle. S. d.

Dimension : 2^m50 × 4 mètres. — Manuscrit inédit. (Archives de la Gironde, plan n° 1531.)

Ce grand plan géométral anonyme, teinté en rose, est un projet de travaux à exécuter du temps de l'administration de l'intendant de Tourny. Il n'est pas daté et n'a pas de titre; nous lui avons donné celui que nous avons relevé sur le catalogue des Archives, désignation qui est bien vague; il a dû être dressé vers le milieu du xviiie siècle. Il ne donne que les principales voies, sans aucun nom ni légende.

Les Archives départementales de la Gironde possèdent une collection très importante de plans partiels concernant Bordeaux et tout le département. Ils ont été tout récemment reclassés et catalogués sur fiches.

60. — (1755.) — Plan Géométral de la Ville de Bordeaux et de parties de ses faubourgs. Levé par les ordres de M. de Tourny, Intendant de la Généralité et de Mrs. les Maire, Sous-Maire, et Jurats Gouverneurs de ladite Ville, par les Srs Santin et Mirail, Géographes, en 1754. Gravé à Paris par J. Lattré en 1755. Avec privilège du Roy. Dédié et présenté au Roy par ses très humbles et très fidelles sujets les Maire, Sous-Maire, Jurats, Procureur-Sindic et Secrétaire de la Ville. *Se vend à Paris, chez Lattré, Graveur, rue Saint-Jacques, à la Ville de Bordeaux.*

Dimension : 0,75 × 1^m05. — Gravure sur cuivre.

Ce très beau plan géométral a été établi à l'échelle de 27 lignes pour cent toises. Il est très finement gravé au burin en deux feuilles.

Il est très complet. Il représente la ville au milieu du xviiie siècle, telle qu'elle était après l'achèvement des grands travaux d'embellissement exécutés sous les administrations des intendants Boucher et de Tourny, de 1720 à 1754. On y trouve toutes les voies et tous les monuments avec leurs noms. Les faubourgs sont très étendus et très détaillés. Celui de la Bastide, à la pointe de la rive droite, n'a encore que deux ou trois maisons. Mais la grande enceinte fortifiée du xive siècle a disparu pour faire place à de grandes voies, sortes de boulevards extérieurs qui portent aujourd'hui les noms de cours du Jardin-Public, de Tourny, d'Albret, d'Aquitaine et Saint-Jean. On y remarque de plus un vaste parc dit Jardin public, établi à cette époque, et qui, transformé en 1858 en jardin dans le style anglais, fait aujourd'hui l'admiration des étrangers. Il y a toujours la grande forteresse du Château-Trompette dont les glacis s'étendaient encore sur le vaste espace de terrain qui forme actuellement et depuis la Restauration seulement le magnifique quartier des Quinconces. Dans le haut du plan, deux cartouches contenant le titre ci-dessus, très bien gravés, avec des ornements dans le goût du temps, l'un surmonté de la médaille, droit et revers, qui avait été gravée par Du Vivier à l'occasion de la pose de la première pierre, en 1733, de la statue de Louis XV, sur la place Royale, l'autre portant l'écu de France fleurdelisé et les emblèmes du pouvoir.

Certains exemplaires de ce plan ont une bordure rapportée, large de 10 centimètres et se composant de neuf petites feuilles, reproduisant admirablement gravés les principaux monuments de la ville. En voici la liste avec les titres exacts : 1º Porte de l'Archevêché, bâtie en 1609; 2º Porte des Capucins, commencée en 1744 et terminée en 1746, du dessin du Sr Montaigut; 3º Place et Porte Bourgogne, commencée en 1751 et achevée en 1755, du dessin de Mr Ange-Jacques Gabriel; 4º Porte d'Aquitaine, bâtie en 1754 et 1755, du dessin du Sr Portier; 5º Portail de l'église paroissiale de Saint-Michel, bâti en 1558; 6º Portail de la maison professe des Jésuites, bâtie en 1676; 7º Porte du Caillau, bâtie en 1494; 8º Vue du Palais Gallien; 9º Galeries du Jardin public, bâties en 1753 et 1754, du dessin du Sr Portier; 10º Clocher de Saint-Michel; 11º Porte Tourny, construite en 1745, du dessin du Sr Portier; 12º Place Royale, commencée en 1730, achevée en 1754, du dessin de Jacques Gabriel; 13º Porte Royale, construite en 1750, du dessin de Ange-Jacques Gabriel; 14º Clocher de Pey Berland, bâti en 1440; 15º Porte Dijeaux, bâtie en 1748; 16º Portail de l'Église Cathédrale de Saint-

André, bâti en 1400 ; 17° Portail de l'église des Jacobins, bâti en 1707. Les monuments portés sous les numéros 1, 2, 11 et 13 n'existent plus.

Ce plan a été gravé aux frais de la Ville, à la suite d'un traité passé entre l'intendant de Tourny et le graveur parisien Lattré, le 26 mars 1753, traité confirmé par délibérations de la Jurade, en date des 29 mars et 30 avril de la même année. Les conditions imposées au graveur étaient : délai d'un an, tirage à 500 exemplaires, dont trente de premier tirage collés sur toile ; prix, 2,500 livres, les cuivres restaient la propriété de Lattré. Il y a eu, vers 1780, en 1804 et en 1825, de nouveaux tirages avec retouches ; nous les décrirons à leur place chronologique (numéros 67 et 74).

61. — (**1760**.) — PLAN DE LA VILLE et faubourgs de Bordeaux. — *A Paris, chez Lattré, graveur, rue Saint-Jacques, au coin de celle de la Parcheminerie, à la Ville de Bordeaux.* Avec Privilège du Roy. 1760.

Dimension : 0,425 × 0,710. — Gravure sur cuivre.

Plan géométral très bien gravé, très fin, qui n'est qu'une réduction à une plus petite échelle du grand plan précédent. Les faubourgs sont cependant un peu plus étendus ; ceux de Sainte-Croix et de La Bastide surtout. Il n'y a pas les noms des rues ni ceux des monuments, mais ces noms sont portés sur des tableaux de chaque côté du plan, comptant 399 numéros de renvoi aux rues, aux portes de ville, aux églises, communautés religieuses, chapelles, collèges, hopitaux et hôtels des administrations. Le cuivre de ce plan est conservé aux Archives municipales de Bordeaux ; il en a été fait en 1885 un tirage qui n'a pas été mis dans le commerce.

62. — (**Vers 1760.**) — PLAN DE LA VILLE DE BORDEAUX, de ses faubourgs et d'une partie de ses environs. S. d. (vers 1760).

Dimension : 0,48 × 0,68. — Manuscrit inédit. (Bibliothèque de l'Arsenal de Paris, Manuscrits, carton n° 6439.)

Plan géométral anonyme, très finement dessiné et colorié en trois teintes. Il n'y a pas les noms des rues ni ceux des monuments, sauf pour les forts et quelques-unes des églises. On y voit le Château-Trompette et les grands travaux du milieu du XVIIIe siècle, le Jardin public, le cours du Jardin-Public, etc. Très joli plan.

63. — (Vers 1770.) — Bordeaux. S. d.

Dimension : 0,22 × 0,33. — Manuscrit inédit. (Archives municipales de Bordeaux.)

Joli plan géométral anonyme, dessiné en trois teintes, relié dans un album sans côte, aux Archives municipales de Bordeaux. Il nous montre la ville et ses faubourgs, mais il n'y a pas de noms pour les rues ni pour les monuments. Une légende renvoie, avec des numéros, aux monuments et aux établissements publics, une autre légende porte une notice explicative. Ce plan n'est pas daté, mais comme il donne la ville avec les travaux d'embellissement du milieu du XVIIIe siècle, et qu'il n'y a pas encore la salle de spectacle commencée en 1770, il a été dessiné avant cette date, mais vers cette époque.

64. — (1773.) — Plan de la Ville de Bordeaux avec ses environs. — *Se vend chez Noblet, marchand d'estampes, à la Bourse, du côté du Chapeau rouge, vis-à-vis le cadran, près d'un lunetier, à Bordeaux. A Toulouse.* S. d. (1773).

Dimension : 0,480 × 0,585 mill. — Gravure sur cuivre.

Plan géométral anonyme, très finement gravé et qui paraît être une contrefaçon du petit plan de Lattré de 1760 (numéro 61), dans les mêmes dimensions. Cependant, comme nous allons retrouver ce même plan sous la date de 1787 (numéro 71), avec quelques changements et au nom de Lattré, il est difficile de faire une attribution. C'est toujours le Bordeaux du milieu du XVIIIe siècle, mais avant la construction de la Salle de spectacle qui a eu lieu de 1770 à 1780. Le seul exemplaire que nous ayons vu de ce plan est conservé à la Bibliothèque de la Chambre de commerce de Bordeaux où il est classé sous la date de 1773, ce qui est à peu près exact.

65. — (1776.) — Plan géométral de la Ville et Faubourg de Bordeaux, avec tous les changements faits jusqu'à présent. — *London*, 1776. Prix : 3 livres.

Dimension : 0,525 × 0,700 mill. — Gravure sur cuivre.

Plan géométral anonyme qui n'a pas été publié à Londres, comme l'indique son titre, mais très probablement à Bordeaux et qui doit être une contrefaçon à une échelle un peu plus grande du petit plan de Lattré, de 1760 (numéro 61), qui avait un privilège pour plusieurs années. Il est très bien gravé et il y a eu des épreuves coloriées en trois teintes. On y voit toutes les rues et tous les monuments avec leurs noms. De plus, c'est le premier plan qui nous montre le nouvel Archevêché, le palais Rohan, aujourd'hui l'Hôtel de Ville, et la Salle de spectacle de l'architecte Louis, le Grand-Théâtre actuel, monuments grandioses et remarquables, à cette époque en construction, et dus à l'initiative de deux princes fastueux, le Cardinal prince de Rohan, archevêque de Bordeaux, et le Maréchal duc de Richelieu, gouverneur de Guyenne. Le titre est contenu dans un joli cartouche gravé, orné de personnages et d'objets allégoriques. Il y a eu de ce plan deux autres tirages avec retouches qu'on trouvera à leur place chronologique en 1787 et 1791 (numéros 72 et 73).

66. — (1777.) — PLAN DE BORDEAUX. 1777.

Dimension : 0,35 × 0,43. — Manuscrit inédit. (Bibliothèque nationale, départ. des Cartes et Plans, D, 1633.)

Plan géométral anonyme très finement colorié en trois teintes. C'est encore le Bordeaux du milieu du xviiie siècle sans le Grand-Théâtre. Il y a les faubourgs.

Il n'y a de noms ni pour les rues ni pour les monuments, mais ces derniers portent des numéros auxquels renvoie une légende surmontée du monogramme E. L.

La Bibliothèque nationale ne possède ce plan que depuis 1892. C'est le seul intéressant que nous ayons trouvé au dép. des Cartes et Plans, le dép. des Estampes est beaucoup plus riche sous ce rapport.

67. — (1780.) — PLAN GÉOMÉTRAL DE LA VILLE DE BORDEAUX et de partie de ses faubourgs... (même titre que le numéro 60).

Second tirage du grand plan de Lattré de 1755 avec la bordure de monuments. Le cuivre a subi, pour ce tirage, quelques retouches. On y voit la nouvelle Salle de spectacle, le Grand-Théâtre actuel, chef-d'œuvre de l'architecte Louis, qui fut terminée et inaugurée en 1780. Le plan nous donne encore le projet de la place Louis XVI, de Louis, place qui devait remplacer la forteresse du Château-Trompette qui ne sera définitivement démolie que sous la Restauration et sur l'emplacement de laquelle on a établi, de 1815 à 1820, la magnifique esplanade des Quinconces. Dans la bordure, on a remplacé la Porte de Tourny par une vue du Grand-Théâtre. Le cuivre de cette vue est conservé aux Archives municipales de Bordeaux et on en trouve dans le commerce des épreuves tirées à part en couleurs. C'est pour montrer ces différentes modifications du quartier du Château-Trompette, exécutées ou projetées, que Lattré fit un nouveau tirage de son plan, avec retouches, et on peut placer la publication de ce tirage vers 1780, un peu avant ou un peu après, bien que l'éditeur n'ait pas cru devoir changer le millésime et qu'il ait laissé la date de 1755.

Comme pour le premier tirage, il a été publié des épreuves avec ou sans la bordure de monuments. Ce second tirage a été reproduit en réduction et gravé sur pierre dans *Bordeaux, Aperçu historique...* 1892, *op. cit.*, et dans l'*Histoire de Bordeaux* de C. Jullian, 1895.

68. — (**Vers 1780.**) — Plan Géométral de la Ville de Bordeaux et de parties de ses faubourgs. S. d. (vers 1780).

Dimension : 0,84 × 1^m10. — Manuscrit inédit. (Bibliothèque nationale, dép. des Estampes, fonds Détailleur.)

Très beau plan géométral anonyme, finement colorié en trois teintes. Ce pourrait être un calque du grand plan de Lattré, de 1755-1780; il en a à peu près la même dimension, il a le même cadre; il n'a pas, bien entendu, la bordure de monuments, et comme on y voit le Grand-Théâtre, le projet de la place Louis XVI, nous en avons placé la publication vers 1780. Les rues et les monuments n'ont pas de noms.

69. — (**1782.**) — Plan de la Ville de Bordeaux, avec le Canal de Ceinture et quelques autres embellissements projettés par Monsieur Du Pré de Saint-Maur, Intendant en Guyenne. S. d. (1782).

Dimension : 0,37 × 0,40. — Gravure sur cuivre.

Dans *Mémoire relatif à quelques projets intéressants pour la Ville de Bordeaux, lu à l'Académie de cette ville le 7 mars 1782.* Bordeaux, 1782, in-4°.

Le principal projet de ce mémoire était d'entourer la ville d'un canal dont les rives auraient été complantées d'arbres et qui devait s'amorcer en amont de la Garonne, en Paludate, pour aboutir à Bacalan, en formant un demi-cercle autour de la ville. Le but de ce canal était d'aérer et d'assainir les quartiers *extra muros*.

Ce plan géométral anonyme indique le tracé de ce canal et un nouveau projet pour la place Louis XVI, projet qui ne sera pas le dernier, car à la fin du xviiie et au commencement du xixe siècle, chaque architecte avait établi des plans pour cette place. Nous avons dans notre collection le dessin original du plan de Dupré de Saint-Maur, intendant, qui fut un administrateur remarquable, s'intéressant à tout ce qui pouvait augmenter le bien-être des Bordelais, digne successeur en un mot des Boucher et des Tourny.

Il y a encore sur ce plan le tracé d'un projet de pont de bateaux sur la Garonne, à l'endroit où est de nos jours le pont de pierre, et des projets de percement de nouvelles voies indiquées par des lignes rouges.

70. — (**Fin du xviiie siècle.**) — Atlas des plans des fiefs possédés dans Bordeaux par le Chapitre de Saint-André. S. d. ni titre (fin xviiie siècle).

In-plano, manuscrit inédit. (Archives départementales de la Gironde, série des plans, n° 1530.)

Cet atlas contient 19 plans géométraux double in-plano, numérotés de 1247 à 1265, représentant les quartiers de la ville et de la banlieue dans lesquels le Chapitre de la Cathédrale Saint-André avait des fiefs qui sont indiqués par une teinte rose et sur lesquels sont inscrits les noms des propriétaires. Ce recueil donne ainsi à une grande échelle le plan géométral de presque toute la ville et offre un grand intérêt pour les recherches sur sa topographie à cette époque.

71. — (**1787.**) — Plan de la Ville de Bordeaux, réduit d'après celui en quatre feuilles, présenté au Roi. Avec les changements jusqu'à Octobre 1787. — *A Paris, chès Lattré,*

Graveur ordinaire du Roi, rue Saint-Jacques, vis-à-vis celle de la Parcheminerie, à la Ville de Bordeaux. Avec privilège du Roi. Prix : 2 livres.

Second tirage du plan de 1773 (numéro 64) publié à Paris par Lattré, avec un changement de titres et quelques adjonctions comme la Salle de spectacle, le projet de la place Louis XVI. Mais il n'y a pas le nouveau palais archiépiscopal qui à cette époque était terminé depuis plusieurs années. Ce tirage est tout aussi rare que le plan original; nous ne connaissons que l'exemplaire de notre collection et celui des Archives municipales de Bordeaux.

72. — (1787.) — PLAN GÉOMÉTRAL DE LA VILLE DE BORDEAUX, avec tous les changements faits jusqu'à présent. *London*, 1787. Prix : 3 livres.

Second tirage du plan de 1776 (numéro 65); la seule retouche qui ait été faite est le tracé du projet de Louis, l'architecte du Grand-Théâtre, pour la place Louis XVI sur l'emplacement du Château-Trompette. Ce plan aura encore deux tirages que nous désignons sous le numéro suivant.

73. — (1791-1800.) — PLAN GÉOMÉTRAL de la Ville et Faubourg de Bordeaux, divisé en ses dix Paroisses. S. l., 1791. Prix : 3 livres.

Troisième tirage du plan de 1776 (numéro 65) dont nous avons décrit le second tirage sous le numéro précédent. On n'a rien changé au cuivre si ce n'est le libellé du titre et on a ajouté aux noms des églises restées ou devenues paroissiales l'abréviation *Par.* pour paroisse. Dès le début de la Révolution, on avait fermé les couvents et leurs chapelles et désaffecté certaines anciennes églises paroissiales comme celles de Saint-Rémy, Saint-Siméon, Saint-Maixant, Saint-Christoly, Saint-Projet, Sainte-Colombe, Notre-Dame de Puy-Paulin. Les dix nouvelles paroisses où seuls les prêtres assermentés étaient autorisés à exercer le culte catholique étaient : Saint-André (Cathédrale), Sainte-Eulalie, Sainte-Croix, Saint-Michel, Saint-Paul (chapelle des Jésuites), Saint-Pierre, Saint-Dominique (chapelle des Dominicains), Saint-Seurin, Saint-Louis (chapelle des

Carmes) et Saint-Martial de Bacalan. Sur notre exemplaire, le territoire de chaque paroisse est limité par des lignes de couleur. Il y a eu un autre tirage en l'an VIII (1800) sans aucun changement.

Ce plan géométral de 1791-1800 clôture la série des plans de Bordeaux au XVIIIe siècle.

§ IV. — PLANS ET VUES DU XIXe SIÈCLE

74. — (**An XII, 1804.**) — PLAN DE LA VILLE DE BORDEAUX et de ses faux-bourgs. Dressé selon les nouvelles divisions qu'il présente et les nouveaux Établissements qui y ont été formés. — *A Paris, chez Jean, rue Jean-de-Beauvais, n° 32.* An XII (1804).

Dimension : $0,75 \times 1^{m}05$. — Gravure sur cuivre.

Troisième tirage du grand plan de Lattré de 1755 (numéro 60) dont nous avons désigné le second tirage de 1780 sous le numéro 67. Ce tirage est au nom d'un nouvel éditeur. Le 12 pluviôse an IX (1er février 1801) un sieur Picquet, géographe-graveur à Paris, écrivait au préfet de la Gironde, lui faisant savoir qu'il était chargé de la vente du fonds de Lattré dans lequel se trouvaient les cuivres de quatre plans de Bordeaux, dont un de deux feuilles, dix petites planches des édifices formant bordure et une grande planche, et il faisait des offres de service pour acheter ces cuivres pour le compte de la Ville et les retoucher s'il y a lieu. (Copie de cette lettre est conservée aux Archives municipales de Bordeaux.) Nous croyons que ces quatre plans étaient ceux de 1733, 1755, 1760 et 1787 (numéros 57, 60, 61 et 71 de ce catalogue). Les deux cuivres de 1755 et de 1760 sont bien aujourd'hui aux Archives municipales de Bordeaux, mais ils n'y sont entrés que dernièrement; la Ville ne répondit pas probablement en 1801 à l'offre du sieur Picquet; c'est l'éditeur Jean qui fit l'acquisition de ces cuivres et c'est lui qui a édité en 1804 le troisième tirage du plan que nous décrivons sous ce numéro.

L'éditeur Jean fit exécuter quelques remaniements sur le cuivre; ces changements ne furent pas topographiques, mais simplement d'actualité, car en l'an XII, c'est-à-dire en 1804, nous n'étions plus sous la royauté, mais sous le Consulat ou l'Empire, cela dépend du mois où fut publié le plan; l'Empire est du 18 mai. On changea d'abord le titre du plan et sur l'écu d'un des cartouches on fit gratter les fleurs de lis; l'autre cartouche, surmonté de la jolie médaille de Du Vivier, fut entièrement supprimé et remplacé par un tableau « des rues et places qui ont reçu de nouveaux noms depuis la Révolution ». Ce n'est guère que dans le quartier Saint-Seurin, le plus bourgeois peut-être de la ville et devenu le plus révolutionnaire en 1792-1793 — c'est la section Franklin de ce quartier qui dirigea la Terreur — et dans quelques grandes voies du centre que portèrent ces changements de noms de rues, et la ville se vit gratifiée d'appellations de rues comme *Brutus, du Bœuf, des Navets, Ça-va, Ça-ira, Ça-tiendra, Plus-de-Rois, Vivre-libre-ou-mourir, Haine-aux-Tyrans*, etc. On fit donc graver ces nouveaux noms après avoir effacé les anciens. Nous n'avons jamais vu d'exemplaire de ce tirage avec la bordure des monuments de 1755 et 1780. Il y aura un quatrième tirage de ce plan en 1825 sans aucun changement.

75. — (**An XIII, 1805.**) — PLAN DE LA VILLE DE BORDEAUX et de ses Faux-bourgs, dressé selon les nouvelles Divisions qu'il présente et les nouveaux Établissements qui y ont été formés. — *A Paris, chez Jean, rue Jean-de-Beauvais, n° 32.* An XIII (1805).

Dimension : 0,530 × 0,710 mill. — Gravure sur cuivre.

Plan géométral anonyme très bien gravé, reproduisant le précédent à une plus petite échelle et avec les faubourgs moins étendus. Il donne le projet de la place Louis XVI et les noms révolutionnaires des rues. Il y a eu d'autres tirages de ce plan en 1808, 1818, 1822 et 1825, sans changements notables. Nous consacrerons cependant un numéro spécial à celui de 1818, auquel on a apporté quelques modifications intéressantes à signaler.

76. — (**1818.**) — PLAN DE LA VILLE DE BORDEAUX... (même titre qu'au précédent), 1818.

Nouveau tirage du plan précédent, qui avait eu un tirage intermédiaire sans retouches. Cette nouvelle émission contient les changements suivants : au lieu du projet de la place Louis XVI on y a gravé la place des Quinconces telle qu'elle existe de nos jours et qui était presque terminée en 1818 après la démolition du Château-Trompette. De plus, on a tracé le projet du quartier qui devait être bâti sur l'emplacement des jardins de l'Archevêché et qui est devenu le quartier suspect de Mériadeck. Enfin on a remplacé les noms révolutionnaires des rues par les noms anciens qui avaient été rétablis depuis 1808. Il y a également le tracé du pont de pierre sur la Garonne, à cette époque en construction.

Il y aura encore des tirages sans modifications en 1822 et en 1825 et un dernier et sixième tirage, sans date, toujours sur le même cuivre, sur lequel on a effacé le millésime de 1825. Ce cuivre sans date est aujourd'hui conservé aux Archives municipales de Bordeaux.

77. — (1819.) — PLAN DE LA VILLE DE BORDEAUX avec les Projets principaux d'Alignements et de Redressements par Mr Pierrugues, Chevalier de l'Ordre de la Légion d'Honneur, ex Ing^r des Ponts et Chaussées, Ing^r Vérifica^r du Cadastre. D. Béro, Géomètre de 1re classe au Cadastre. Dédié par la reconnaissance à Monsr le Comte de Tournon, Chevalier de l'Ordre Royal de la légion d'Honneur... Préfet du Département de la Gironde. 1819. — *A Bordeaux, chez Filliatre et Neveu, M^{ds} d'Estampes, fossés du Chapeau rouge, n° 2...* Gravé à Paris par G. Lemaitre; écrit par Richomme.

Dimension : 0,77 × 0,98. — Gravure sur cuivre.

Très beau plan géométral de grande dimension, très bien gravé et qu'on peut appeler le plan du Bordeaux de la Restauration comme le grand plan de Lattré de 1755 (numéro 60) est celui du Bordeaux du milieu du xviiie siècle. Il nous montre en effet la ville avec les grands travaux d'embellissements exécutés au commencement du xixe siècle, avant 1825 : la superbe esplanade des Quinconces et les belles voies qui l'entourent et qui donnent à tout ce quartier un caractère grandiose; le pont de pierre sur la Garonne, un des plus beaux du monde en son genre, terminé en 1822, etc.

Un des auteurs de ce plan, l'ingénieur Pierrugues, avait présenté au maire de Bordeaux, le comte Lynch, un *Mémoire explicatif des projets d'alignement, d'embellissement proposés pour la Ville de Bordeaux en exécution de la loi du 11 septembre 1807...* Bordeaux, 1815, in-8°, et on retrouve sur ce plan l'exécution de ces projets ou leurs tracés.

Ce plan a eu d'autres tirages avec certains remaniements en 1831, 1842 et 1850. Nous possédons dans notre collection un exemplaire de ce plan avec la date de 1818 et le même titre que nous donnons ci-dessus. Nous l'avons acquis d'un des descendants du premier éditeur, qui possède, croyons-nous, le cuivre original gravé sur deux feuilles. Mais nous croyons que ce premier tirage, sur lequel les constructions ne sont pas encore teintées, n'a pas été mis dans le commerce et n'a été qu'un essai.

78. — (**1823**.) — Plan de la Ville de Bordeaux, réduit sur le grand Plan levé par Messieurs Pierrugues et D. Béro (1823). — *A Bordeaux, chez A. Fillastre et Neveu, éd.-propriétaires, M^{ds} d'Estampes...* Réduit et gravé par E. Cabillet; écrit par Abel Malo, à Paris.

Dimension : 0,42 × 0,72. — Gravure sur cuivre.

Ce plan, comme l'indique son titre, est une réduction du précédent, comme lui il a le pont et le quartier des Quinconces. De chaque côté, une longue « Liste alphabétique des noms des rues, places, etc. ». Il y a eu d'autres tirages avec retouches en 1829, 1830, 1835, 1839 et 1845.

79. — (**1828**.) — Plan Cadastral de la Ville de Bordeaux. 1828. Échelle au 1,000^e.

44 feuilles de grand format, mais de différentes dimensions. Manuscrit dans les bureaux du Géomètre de la Ville et à la Direction du cadastre et des Contributions directes, section de Bordeaux.

Ce premier plan cadastral de la ville a été dressé en 1828, lorsque, en vertu de la loi du 15 mars 1827, on procéda au cadastre général de la France. La partie urbaine seule est à l'échelle du 1,000^e, les parties suburbaines sont à des échelles plus petites. Depuis 1828 on n'a pas refait le cadastre général de la France, mais pour certaines communes comme celle de Bordeaux il a été établi de nouveaux plans cadastraux (voy. numéros 92 et 104).

Le plan cadastral général de la ville n'indique pas les noms des propriétaires des maisons, mais les propriétés particulières sont numérotées et les numéros renvoient à des registres spéciaux tenus à jour dans les bureaux de l'administration du cadastre et des contributions directes et portant les différentes mutations, c'est-à-dire les changements de propriétaires. C'est ce cadastre et ces registres qui servent à établir l'impôt foncier.

80. — (**1830.**) — Vue Générale de Bordeaux, dédiée à Mr. le Colonel Baron Gélibert, officier de la Légion d'honneur, etc., par son fils. — P^t Gélibert F^t 1830. — *Lithographie Engelmann, Paris.*

Dimension : 0,320 × 0,455 mill. — Lithographie.

Vue panoramique prise de très loin, depuis les hauteurs de Lormont, et montrant la ville au delà de la rivière, noyée dans la brume, depuis Bacalan jusqu'à Saint-Michel, dont le clocher est surmonté du télégraphe aérien. Jolie lithographie.

Cette pièce inaugure la série des vues panoramiques, obtenues généralement au moyen du nouveau procédé de la lithographie importé en France depuis une vingtaine d'années. On a publié de nombreuses vues de ce genre, mais nous ne citerons que celles qui ont un véritable intérêt. Certaines, en effet, sont des documents sérieux, elles donnent l'aspect d'ensemble de la ville et les monuments en élévation qui ne figurent pas ainsi sur les plans géométraux. Ces vues en lithographie ont été très en vogue pendant toute la première moitié du xixe siècle, jusqu'à l'apparition de la photographie; mais ce dernier procédé de reproduction n'a jamais pu donner de vues générales, les objectifs n'embrassant pas un angle assez ouvert, de sorte que nous n'aurons pas à parler de la photographie dans ce catalogue.

81. — (**1836.**) — Plan de la Ville de Bordeaux. — 1836 — *A Paris, chez Jean, rue Saint-Jean-de-Beauvais, n° 10.* Gravé par J.-B. Tardieu. Pélicier *scrip^t*.

Dimension : 0,56 × 0,86. — Gravure sur cuivre.

Très joli plan géométral, très bien gravé, avec une liste des « Monuments et établissements de la ville ». Ce plan est peut-être une copie de celui de Fillastre de 1819 retouché en 1831 (voy. numéro 77), mais à une plus petite échelle.

Ce même plan a été édité par *Fillastre frères, près la Bourse à Bordeaux* en 1850, 1851, 1853, 1856, 1857, 1863, 1865, 1872 et 1878, avec des retouches successives. La maison Fillastre a remplacé par ce nouveau plan ceux qu'elle publiait de 1819 à 1850, le grand plan (numéro 77), et de 1823 à 1845, le petit plan (numéro 78). Il est probable que l'éditeur parisien Jean disparut entre les années 1836 et 1856 et que les éditeurs Fillastre de Bordeaux achetèrent les cuivres des plans de Bordeaux que Jean possédait et sur lesquels il avait fait faire des tirages successifs, comme les deux plans de Lattré de 1755 et 1760 (numéros 60 et 61) et celui qu'il publia en l'an XIII (numéro 75). On pourrait ainsi, peut-être, expliquer la provenance de ces trois cuivres, aujourd'hui aux Archives municipales de Bordeaux, où ils sont entrés il n'y a pas longtemps par voie d'acquisition.

82. — (**1840**.) — BORDEAUX. — Vue prise de l'une des Tours de la Cathédrale Saint-André. — *Paris, Impr. Lemercier, Bernard et Cie. S. d.* (1840).

Dimension avec la bordure : $0,37 \times 0,49$. — Lithographie.

Vue à vol d'oiseau. Au premier plan, la tour Pey-Berland, qui n'est pas encore surmontée de la Vierge d'Aquitaine. Au loin, au delà de la Garonne, les collines de Lormont, Floirac, etc. La bordure se compose des principaux monuments de la ville. Bonne lithographie.

83. — (**1843**.) — VILLE DE BORDEAUX. — Plan général d'alignement, dressé par l'ingénieur-géomètre de la Ville en 1843. — Échelle au $1,000^e$.

Atlas de 31 feuilles de $0,70 \times 1^m05$. — Manuscrit. (Archives municipales de Bordeaux.)

Plan géométral, légèrement teinté, indiquant les alignements projetés dans les différents quartiers de la ville. Ces travaux d'alignement ont été commencés à cette époque et n'ont pas été encore complètement exécutés. Les constructions portent des numéros qui doivent renvoyer aux registres du cadastre. C'est à ce moment qu'on remania le numérotage des maisons qui avait été établi en 1808 et c'est alors que pour la première fois on plaça les numéros pairs d'un côté de la rue et les numéros impairs de l'autre côté. L'administration a fait dresser cette même année un tableau de concordance des deux numérotages de 1808 et de 1843 : *État de Concor-*

dance entre l'ancien et le nouveau numérotage avec l'indication des changements des noms des rues, Bordeaux, 1843, in-8°.

84. — **(1845.)** — Plan de la Ville de Bordeaux. — *Chez Chaumas Gayet, libraire à Bordeaux.* S. d. (vers 1845).

Dimension : 0,24 × 0,29. — Gravure sur cuivre.
Plan géométral général. Joli plan.

85. — **(1845.)** — Bordeaux. Vue prise du Télégraphe. — V. Philippe *del.*, Bordeaux. Lith. de Constant. — *Chez J.-B. J. Constant, graveur et lithogr., éditeur.* S. l. n. d. (Bordeaux, vers 1845).

Dimension : 0,36 × 0,64. — Lithographie.
Vue panoramique à vol d'oiseau prise du clocher de l'église Saint-Michel surmonté du télégraphe aérien et donnant la partie de la ville qui longe la rivière, le cours de la Garonne jusqu'à l'horizon et le faubourg de La Bastide. Lithographie et dessin mauvais, vue médiocre, mais intéressante cependant par certains détails pris de première main et assez exacts.

86. — **(Vers 1845.)** — Bordeaux : Vue prise du Cours d'Aquitaine. — Bordeaux : Vue prise au-dessus du Jardin public. — Dessiné par A. Guesdon. Lith. par Ch. Muller et A. Cuvillier. Impr. Lemercier, à Paris. — *Publié à Paris par A. Hauser; à Bordeaux par Mme Ve Pascal.* S. d. (vers 1845).

Dimension : 0,28 × 0,44. — Lithographies.
Deux vues panoramiques à vol d'oiseau se faisant pendants; l'une est prise vers le nord et l'autre vers le sud, toutes les deux jusqu'à l'extrême horizon, avec le cours de la Garonne et la campagne au loin. Ces deux vues, dont les premiers plans sont très détaillés et très exacts, font partie d'une série de vues de villes de France intitulée *Voyage aérien en France*. Elles portent les numéros 16 et 17.

87. — **(1846-1848.)** — Bordeaux, prise *(sic)* de la Tour Saint-Michel. — Bordeaux, vue prise au-dessus de Bacalan. — Bordeaux, vue prise au-dessus de La Bastide. — Dessins

de Eug. Bailby et Philippe. Lith. de Th. Muller, Maggi et Bachelier. Impr. Lemercier, à Paris. — *Paris, Bulla frères et Jouy; Bordeaux, chez Maggi...* S. d. (1846-1848).

Dimension : 0,275 × 0,440 mill. — Lithographies.
Trois vues panoramiques à vol d'oiseau prises sous un angle très ouvert et jusqu'à l'extrême horizon. Lithographies médiocres, mais vues intéressantes par certains détails assez exacts.

88. — (**1848**.) — Plan de la Ville de Bordeaux divisée par bataillons de garde nationale. Arrêté par le Conseil de recensement en sa séance du 14 Juillet 1848. Grande échelle.

Six feuilles de 0,85 × 0,95. — Manuscrits. (Archives municipales de Bordeaux.)
Plan géométral légèrement teinté, donnant toute la ville, mais pas toutes les voies. Il est intéressant à cause de la grandeur de son échelle.

89. — (**1850**.) — Vue générale de Bordeaux. — Dessinée et lith[ée] par H. Walter. Impr. Lemercier. — *Paris, chez Wild.* S. d. (vers 1850).

Dimension : 0,38 × 0,56. — Lithographie.
Vue panoramique prise depuis les hauteurs de Lormont sur la rive droite. Au delà de la rivière, qu'on a à ses pieds, la ville en amphithéâtre depuis les magasins des vivres jusqu'aux Enfants-Trouvés. La flèche du clocher de Saint-Michel est encore surmontée du télégraphe aérien. On ne voit pas à La Bastide la gare d'Orléans. A été tirée en noir et en couleurs.

90. — (**1851**.) — Plan de la Ville de Bordeaux, avec les projets d'alignement des voies anciennes et les projets de percement des voies nouvelles proposés par M. Devanne, ingénieur de la Ville, adoptés par le Conseil municipal sous l'administration de M. Duffour-Dubergier et sanctionnés par décret de Louis Napoléon, sous l'administration de M. Gautier aîné, maire, en l'année 1851. — *Publié par P. Chaumas,*

libraire-éditeur, Bordeaux, 1851. — Gravé sur pierre par Avril frères. Lithogr. Janson, Paris. Échelle au 5,000ᵉ.

Dimension : 0,86 × 1ᵐ40, gravé en deux feuilles.

Très beau plan géométral. Il est comparable par ses dimensions et sa valeur topographique aux beaux plans de Lattré de 1755 et de Pierrugues et Béro en 1819 (numéros 60 et 77), et de même que ceux-ci nous donnaient le Bordeaux du xvIIIᵉ siècle et de la Restauration, celui-là nous montre le Bordeaux du milieu du xIxᵉ siècle, mais ce n'est plus la ville artistique des architectes, c'est le commencement du règne de l'ingénieur, c'est la cité des chemins de fer, des gares et des tuyaux d'usine. Ce plan a eu d'autres tirages en 1861, 1862, 1867 et 1885, avec des retouches par Unal-Serres, géomètre de la Ville.

91. — **(1852.)** — BORDEAUX. Vue prise du Télégraphe (1852). Dessiné d'après nature et litho. par J. Philippe. Lith. de J.-B. Constant. — *Se trouve chez J.-B. Constant, graveur-lithogr., Bordeaux.*

Dimension : 0,34 × 0,62. — Lithographie.

Vue panoramique à vol d'oiseau prise depuis le télégraphe, c'est-à-dire depuis le clocher de l'église Saint-Michel qui à cette époque servait de télégraphe aérien, et vers les Chartrons jusqu'à l'horizon. Lithographie médiocre, mais détails assez intéressants. Cette vue n'est pas la même que celle publiée vers 1845 (numéro 85) et due au même artiste : elle lui est supérieure.

92. — **(1852-1854.)** — PLAN CADASTRAL de la ville de Bordeaux. 1852-1854. — Échelle au 1,000ᵉ.

34 feuilles de grand format et de différentes dimensions (manuscrit dans les bureaux du géomètre de la Ville et à l'Administration du cadastre et des contributions directes).

C'est la refonte du cadastre de 1828. En 1866, ces 34 feuilles ont été lithographiées pour les besoins de différents services. Le tirage a été assez important.

93. — **(1854.)** — PLAN DE LA VILLE DE BORDEAUX, avec les projets d'alignement (même titre que le numéro 90).

Réduit d'après le plan général d'alignement par Unal Serres, dessinateur géomètre de la Ville. Gravé sur pierre chez Avril frères et impr. à Paris par Louis Antoine. — *Publié par P. Chaumas, libraire-éd., à Bordeaux*, 1854.

Dimension : 0,54 × 0,69.
C'est une réduction du grand plan en deux feuilles, publié par le même éditeur en 1851. Il y a en vignettes une vue générale de la Garonne et des vues du Pont et du Grand-Théâtre.

Il y aura d'autres tirages avec retouche en 1860, 1861 et 1868.

94. — (**1854.**) — Plan de la Ville de Bordeaux, levé par Pierrugues et D. Béro, géomètre de première classe au cadastre.— *A Bordeaux, chez Fillastre frères, édit.-propriétaires*. Corrigé en 1854. Gravé par G. Lemaître, écrit par Richomme et impr. par Digeon.

In-plano. — Ce plan n'est pas le même que celui édité par la même maison, de 1823 à 1845 (numéro 78). C'est un autre cuivre. Il est rare et nous n'en avons rencontré d'exemplaire qu'à la Bibliothèque de la Chambre de commerce de Bordeaux.

95. — (**1855.**) — Vue générale de Bordeaux. Vue prise des Enfants-Trouvés. Dessiné par F. Philippe. Godard, lith. Impr. Jacomme, Paris.— *Editeur Ve Bisserié Pascal à Bordeaux*. S. d. (vers 1855).

Dimension : 0,36 × 0,58. — Lithographie.
Belle vue panoramique. Au premier plan, les chantiers de construction de Sainte-Croix. La vue est prise vers les Chartrons qui forment l'horizon. La Tour Pey-Berland n'a pas encore la Vierge d'Aquitaine, mais on voit la gare du chemin de fer d'Orléans, à La Bastide. Publiée vers 1855. Tirée en noir et en couleurs. Bonne lithographie.

96. — (**1866.**) — Plan de la Ville de Bordeaux, dressé d'après les documents les plus récents. Préfet Mr. Le Comte de Bouville. Maire Mr Henri Brochon. — 1866.

Dimension : 0,49 × 0,51. — Lithographie.
Plan géométral avec bordure d'annonces industrielles et com-

merciales. Sans nom d'éditeur ni de lithographe. Plan médiocre. Il y a les grands boulevards et la gare du chemin de fer du Midi agrandie.

97. — (**1866**.) — Vue générale de Bordeaux, prise au-dessus de l'église Saint-Louis des Chartrons. Dessinée d'après nature par Chapuis. Lithographie par Ch. Fichet. Impr. Becquet, à Paris. — *Paris, Ledot, éditeur*. S. d. (vers 1866).

Dimension : 0,39 × 0,57. — Lithographie.
Grande et belle vue à vol d'oiseau prise jusqu'à l'horizon. Le clocher de Saint-Michel a sa nouvelle flèche terminée vers 1866. Cette vue a été tirée en noir et en couleurs.

98. — (**1866**.) — Panorama du Port et de la Ville de Bordeaux. Dessiné et lithographié par Deroy. Impr. P. Frick. — *Paris, F. Sinnett, éditeur*. S. d. (vers 1866).

Dimension : 0,21 × 0,74. — Lithographie.
Vue panoramique prise depuis la rive droite dans le faubourg de Queyries et dans un angle très étendu, montrant la ville au delà de la rivière, depuis la place de l'Entrepôt jusqu'à l'horizon, au midi et au couchant. Cette vue a été tirée en noir et en couleurs.

99. — (**1866**.) — Plan de la Ville de Bordeaux, dressé d'après les documents les plus récents fournis par les administrations publiques par Ernest Delpech, employé aux travaux publics. Gravé chez G. Geisendörfer. Publié par Féret à Bordeaux en 1866. — Échelle : 0,001 par 10 mètres.

Dimension : 0,53 × 0,72. — Gravure sur cuivre.
Plan géométral donnant dans un cartouche *Bordeaux et sa banlieue*. Il y a eu d'autres tirages avec retouches en 1869, avec les circonscriptions électorales indiquées en couleur, en 1870, en 1874, avec les arrondissements de police teintés en différentes couleurs, en 1877, en 1879, avec le tracé en couleur des nouvelles lignes de tramway à traction animale, et en 1880.

Ce plan, quoique très bien gravé, n'est pas très exact. C'est à partir de l'époque où nous sommes arrivé qu'il faut se méfier de tous les plans à petite échelle qui ont été édités soit à part, soit dans des

Annuaires, Guides de voyageur, etc., qui ne sont que de mauvaises reproductions des plans officiels et qui n'offrent aucune garantie pour les recherches sérieuses sur la topographie de la ville. C'est pour cela que nous ne les avons pas compris dans ce catalogue.

100. — (1870-1871.) — Plans des Villes, Fabriques et Usines de France et de l'Étranger, avec légendes explicatives au point de vue de l'assurance contre l'incendie (système Calmette, ancien inspecteur). Plan de la Ville de Bordeaux, divisé en 100 groupes formant deux atlas. Déposé en 1870-1871. — *Chez J. Broise, Imprimeur-Lithographe-éditeur, Paris.* — Échelle au 1,000e.

Atlas en 2 vol. in-fol. de 99 feuillets doubles. — Autographie Tabuteaux et Broise.

Outre ces 99 feuillets doubles, plans et texte explicatif, cet atlas comprend pour le premier volume, 1 f. titre, 1 f. notice sur la ville de Bordeaux, 3 ff. répertoire et un grand plan plié donnant la partie de la ville comprise dans ce volume, et pour le second volume, 7 ff. répertoire et un grand plan plié de l'autre partie de la ville.

Cet atlas, établi d'après un relevé pris sur le cadastre, donne en 99 groupes subdivisés en îlots toutes les constructions de la ville : habitations particulières, fabriques, chais, édifices publics, etc., mais sans les noms des propriétaires. Dans la préface, l'auteur indique le but de sa publication : « Elle servira à se faire une idée complète de l'importance de la ville de Bordeaux et avec le travail qui va suivre, les Compagnies d'assurances pourront se rendre compte des points de la ville et des faubourgs où se trouvent les agglomérations de marchandises qui présentent le plus de chances d'incendie. » En somme, c'est la reproduction du cadastre de 1852-1854 (numéro 92).

L'ouvrage ayant été souscrit en grande partie par les Compagnies d'assurances et n'ayant pas été mis dans le commerce, il est très difficile de se le procurer.

101. — (1874.) — Plan de la Ville de Bordeaux. 1874. — *Librairie Ve Paul Chaumas, Bordeaux.* — Impr. Pr. Chameau. Anonyme. — Échelle au 10.000e.

Dimension : 0,57 × 0,91. — Lithographie.

Plan géométral médiocre donnant de chaque côté des cadres les noms des rues et des monuments.

Il a été reproduit en 1881 et 1882 sur zinc pour le même éditeur (Impr. A. Bellier et Cie), avec les nouvelles lignes de tramways créées en 1880.

102. — (**1874.**) — PLAN DE LA VILLE DE BORDEAUX indiquant les lignes d'Omnibus et de Tramways, dressé par M. E. Delpech, employé aux travaux publics de la Ville. — *Edité par Marcellin Lacoste, libr.-éditeur, Bordeaux.* 1874. — Gravé par Geisendörfer, Paris. — Échelle : 0.008 par 100 mètres.

Dimension : 0,50 × 0,705. — Gravure sur pierre.

Plan géométral qui n'est pas le même que le numéro 99 dû aux mêmes dessinateur et graveur. Il y a dans un cartouche *Bordeaux et sa banlieue*, avec les lignes de tramways. Il y a eu un autre tirage en 1877.

103. — (**1879.**) — PLAN DE LA VILLE DE BORDEAUX. Indiquant les lignes d'Omnibus et de Tramways. Dressé et dessiné par Valteau, dessinateur-autographe à Paris. Lithographie Andrieu frères, Bordeaux. — *Edité par H. Duthu, libraire-éd., Bordeaux,* 1879.

Dimension : 0,46 × 0,56. — Lithographie.

Plan géométral médiocre, dressé pour le *Touriste, guide à Bordeaux, Arcachon, Soulac, Royan,* publié par le même éditeur, en 1879.

104. — (**1882.**) — PLAN CADASTRAL de la Ville de Bordeaux, parties annexées depuis 1862. — Échelle au 1,000^e.

82 feuilles de différents formats. Manuscrit. (Bureaux du géomètre de la Ville et à l'Administration du cadastre.)

Depuis 1862, certaines parties suburbaines ayant été annexées, comme les quartiers de La Bastide et de Saint-Augustin, et en 1866 l'enceinte de la ville ayant été reculée jusqu'aux boulevards actuels, on a fait faire les plans cadastraux de ces nouvelles parties annexées pour compléter le cadastre de 1852 (numéro 92) et, comme ce dernier, ce nouveau plan a été lithographié.

105. — (**1883**.) — Plan de la Ville de Bordeaux et de sa Banlieue sud et ouest, dressé à l'échelle de 1/10,000ᵉ par Alfred Lapierre, géomètre adjoint de la Ville... Gravé par J. Jérôme sous la direction de J. Gaultier et impr. par Monrocq à Paris. — *Publié par Férel et fils, libraires-éditeurs, Bordeaux*, 1883.

Dimension : 0,85 × 1ᵐ10. — Gravure sur pierre.

Ce grand plan géométral, tiré en noir et en couleurs à trois teintes, donne toute la ville avec le faubourg de La Bastide et la banlieue dans un rayon très étendu. Plan très complet. Il y a eu des tirages postérieurs sur report sur zinc, mais en noir seulement, notamment un en 1886.

106. — (**1884**.) — Plan de Bordeaux par Alfred Lapierre, géomètre de la Ville, Officier d'Académie. Impr. Monrocq, Paris. — *Férel et fils, éditeurs, Bordeaux,* 1884. — Échelle au 10,000ᵉ.

Dimension : 0,56 × 0,70. — Gravure sur pierre.

Ce plan géométral, dont il y a eu des tirages en noir et en couleurs, est le même plan que celui de 1883, le précédent, mais sans la banlieue. On en a fait des tirages, mais en noir seulement, sur report sur zinc, en 1886, 1888, 1890 et 1891. De plus, on en a publié, en 1901, une réduction sur zinc en 0,39 × 0,49.

107. — (**1889**.) — Ville de Bordeaux. Dépᵗ de la Gironde. Publié sous l'administration de M. de Selves, préfet de la Gironde, de M. Bayssellance, maire de Bordeaux, et avec le concours de la Chambre de commerce de Bordeaux. 1889. Dressé et dessiné par F. Hugo d'Alesi. — *Lemercier et Cⁱᵉ, Impr.-édit., Paris; à Bordeaux, chez Férel et fils.*

Dimension : 0,48 × 0,74. — Lithographie en couleurs.

Grande vue panoramique à vol d'oiseau très remarquable, prise au-dessus des docks de Bacalan vers le midi, jusqu'à l'horizon, dominant toute la ville, la rivière et le quartier de la Bastide, rive droite. Vue très détaillée et très exacte.

On a publié, en 1893, une réduction de cette vue, avec le titre :
Ville de Bordeaux, dép. de la Gironde. Impr. A. Bellier et Cie, Bordeaux. Atelier Hugo d'Alési, Paris; Bordeaux, Feret et fils, s. d. (1893).
Dimensions : 0,40 × 0,60, réduction qui est encore très bonne.

Cette vue a encore été reproduite, mais très réduite et en noir, dans l'album de *Bordeaux, Aperçu historique...* 1892 (voy. le numéro suivant), dans l'*Histoire de Bordeaux de C. Jullian*, 1895 et dans *Notice sur le Port de Bordeaux, publiée par la Chambre de commerce*, Bordeaux, 1900, gr. in-8°.

108. — (**1892.**) — BORDEAUX. ALBUM. Publié par la Municipalité bordelaise. *Paris et Bordeaux (impr. G. Gounouilhou, Bordeaux)*, 1892.

In-4° contenant 28 planches doubles in-4°, gravées la plupart sur pierre par Erhard frères et Dumas et Vorzet, d'après les dessins de Julien Dukacinski, chef du bureau de statistique et d'hygiène à la mairie de Bordeaux. Cet album fait partie de la publication *Bordeaux, Aperçu historique, Sol, Population, Industrie... publié par la Municipalité*. Bordeaux, 1892, 3 vol. in-4° et un album.

Nous avons plusieurs fois renvoyé à cet album pour les vues et plans antérieurs à la Révolution qui y ont été reproduits (voy. numéros 5, 14, 18, 24, 26, 28, 57, 67, et 107); mais il s'y trouve encore treize plans géométraux de Bordeaux en 1891 qui, tirés sur la même pierre, donnent avec des lignes et des points rouges la division de la ville dans ses différents services administratifs, comme les différentes limites de la ville depuis la première enceinte romaine jusqu'aux boulevards extérieurs actuels (pl. n° 7), les Cantons et Justices de paix, les Postes et Télégraphes, le Réseau téléphonique de l'État et celui de la Ville, l'Octroi, les Égouts, le Pavage et Macadam, les Tramways et Omnibus, les Arrondissements de police, les Écoles communales, les Cultes (paroisses). Ces plans offrent toute garantie d'exactitude, ayant été dressés par l'administration, mais l'échelle en est trop petite. Quant aux plans anciens, le choix n'en a pas toujours été très judicieux.

109. — (**1892.**) — NOUVEAU PLAN DE BORDEAUX monumental, industriel et commercial. Indicateur des monuments publics, des principaux établissements industriels et commer-

ciaux de Bordeaux. Imprimerie nouvelle A. Bellier et Cie.
— *Publié par la Société des Plans monumentaux de France à Bordeaux. Edité par MM. Féret et fils, libraires, Bordeaux.* S. d. (1892).

Dimensions : 0,65 × 0,94. — Lithographie.

Ce plan géométral n'indique que les principales voies de la ville, mais il montre en élévation les principaux monuments et surtout les établissements industriels et commerciaux, fabriques, chais, etc. Il comprend une partie des communes suburbaines. Quoique ayant été édité au point de vue de la publicité, ce plan est encore assez intéressant à consulter.

Les cent dix numéros de ce catalogue constituent la collection des principaux plans de la ville de Bordeaux, publiés ou inédits, donnant la topographie de la ville depuis les origines jusqu'à la fin du xixe siècle. Leur classement rigoureusement chronologique facilitera les recherches des travailleurs, et si ces érudits peuvent en tirer quelque profit pour leurs études et veulent bien nous en avoir quelque reconnaissance, nous serons largement récompensé de notre peine.

TABLE DES NOMS

Amanieu, archevêque, 18.
Andiran, dessinateur, 9.
Andrieu frères, lithographes, 68.
Angerer et Goschl, photographes, 33.
Antoine (Louis), imprimeur, 65.
Arnoullet (B.), éditeur, 25.
Ausone, poète latin, 14, 16, 28, 31.
Avril frères, graveurs, 64, 65.

Bachelier, éditeur, 63.
Bailby (Eug.), dessinateur, 63.
Bayssellance, maire, 69.
Becquet, imprimeur, 66.
Belleforest (Franç. de), géographe, 6, 25, 26, 29.
Bellier (A.), imprimeur, 11, 68, 69, 71.
Berey (Nicolas), éditeur, 37, 38.
Bernadau (P.), historien, 14.
Bernard (Thalès), traducteur, 34.
Béro (D.), géomètre, 58, 59, 64, 65.
Bisserié-Pascal, marchand d'estampes, 65.
Blaeu, cosmographe, 6, 33.
Bœrsze (Vᵉ J.), éditeur, 34.
Boisseau, éditeur, 39.
Bordes (A.), architecte, 15, 26.
Boucher (Claude), intendant, 44, 47, 49, 54.
Bouville (comte de), préfet, 66.
Braun (G.), cosmographe, 6, 28, 29, 30, 31.
Brochon (Henri), maire, 66.
Broise (J.), impr.-lithogr., 67.
Brunet (Ch.), bibliographe, 25.
Bruyn, *voy.* Braun.
Bulla frères et Jouy, éditeurs, 63.
Cabillet, dessinateur, 59.

Calmette, inspecteur d'assurances, 67.
Chameau (Pr.), lithographe, 68.
Chapuis, dessinateur, 66.
Chard (Juan), hollandais, 36.
Chardon aîné, imprimeur, 19.
Chariol (G.), lithographe, 15, 18, 30, 31, 32.
Charles VII, 20, 21.
Charles IX, 26, 27, 30, 31.
Charpentier, éditeur, 38.
Chastillon (Claude), géographe, 6, 39.
Chaumas (P.), éditeur, 31, 62, 64, 65, 66.
Chesneau (Nicolas), éditeur, 25.
Choffard, graveur, 46.
Clouzet, aîné, professeur, 26.
Constant (J.-B.), lithographe, 62, 64.
Cornouailles (Cᵗᵉ de), *voy.* Richard.
Cramoisy (Séb.), éditeur, 32.
Cuvillier (A.), lithographe, 62.

Dailhan (Amaubin), maire de Bordeaux, 18.
Danckerts (Cornelius), éditeur, 36.
Danckerts (Justus), graveur, 36, 37.
Daumont, éditeur, 38.
Delpech (E.), géomètre, 11, 66, 68.
Deroy, dessinateur-lithogr., 66.
Détailleur, architecte, 53.
Detcheverry (A.), archiviste, 29, 30, 31, 37.
Devanne, ingénieur, 63.
Devienne (Dom), historien, 13, 14, 16.

TABLE DES NOMS

Digeon, imprimeur, 65.
Drouyn (Léo), archéologue, 16, 17, 19, 20, 21, 22, 23, 28.
Duffour-Dubergier, maire, 63.
Dukacinski (J.), dessinateur, 10, 12, 16, 17, 18, 22, 70.
Dumas, graveur, 70.
Dupain, imprimeur, 19.
Dupré de Saint-Maur, intendant, 53, 54.
Duthu (H.), libraire, 68.
Du Vivier, graveur, 49, 57.

Engelmann, lithographe, 60.
Erhard frères, graveurs, 12, 16, 22, 70.

Feret (Éd.), libr.-éditeur, 11, 66, 69, 70, 71.
Ferry (de), ingénieur, 42.
Fichet (Ch.), lithographe, 66.
Fillastre et neveu, *voy.* Filliatre.
Fillastre frères, marchands d'estampes, 60, 61, 65.
Filliatre et neveu, marchands d'estampes, 58, 59.
François Ier, 26.
Frick (P.), imprimeur, 66.

Gabriel (Ange-Jacques), architecte, 49.
Garneray, dessinateur, 9.
Gaucherel (Léon), aqua-fortiste, 21.
Gauthier (Jules), cartographe, 5, 69.
Gautier, maire, 63.
Geisendörfer (G.), graveur, 66, 68.
Gélibert (baron), colonel, 60.
Gélibert fils (P.), dessinateur, 60.
Girard du Haillan (Bernard de), historien, 26.
Godard, lithographe, 65.
Goschl, *voy.* Angerer.
Gounouilhou (G.), imprimeur, 70.
Goyau (G.), historien, 33.
Guéroult (Guillaume), géographe, 25.

Guesdon (A.), dessinateur, 62.
Guilhe (H.-Ch.), historien, 28.

Hauser (A.), éditeur, 62.
Hem (Hermann van der), dessinateur, 33.
Henri III d'Angleterre, 18.
Héquet, dessinateur, 15, 30, 31.
Hogenberg (Fr.), graveur, 28, 29.
Hostein, bourgeois, 47.
Huegla (Emmanuel), hollandais, 36.
Hugo d'Alesi (F.), dessinateur, 70.

Jacomme, lithographe, 65.
Janson, lithographe, 64.
Jean, marchand d'estampes, 56, 57, 60, 61.
Jérôme (J.), graveur, 69.
Jollain, graveur, 36.
Jordaens, art.-peintre, 33.
Jouvin (Albert), de Rochefort, géographe, 40, 41.
Jullian (Camille), historien, 10 à 18, 22, 38, 46, 70.

Laborie, lithographe, 29, 37.
Lacoste (Marcellin), libraire, 68.
Lacour (Pierre), dessinateur, 14.
La Gardette (de), graveur, 13.
Lailliot, éditeur, 38.
Lapierre (A.), géomètre, 69.
Lattré (J.), graveur, 45, 48, 50 à 56, 58, 61, 64.
Ledot, éditeur, 66.
Légé, lithographe, 10.
Lemaître (G.), graveur, 58, 65.
Lemercier, Bernard et Cie, lithographes, 61, 62, 63, 70.
Lestage (J.-J.), dessinateur, 29, 30.
Lestonnac (Jeanne de), religieuse, 32.
Loisne (A. de), cartographe, 5.
Louis (Victor), architecte, 53.
Louis VIII, 18.
Louis XIII, 33.
Louis XV, 45, 47, 49.
Lynch (comte), maire, 58.

Maggi, marchand d'estampes, 63.
Malo (Abel), dessinateur, 59.
Mareuse (Ed.), bibliophile, 40, 41.
Marnef (Enguilbert de), imprimeur, 27.
Marolles (A.), dessinateur, 46, 47.
Marquessac (baron de), dessinateur-aquafortiste, 19.
Masse (Claude), géographe, 41, 42.
Meller (P.), érudit, 38.
Mensignac (Camille de), archéologue, 11.
Mercier (Le P.), jésuite, 32.
Mérian (Gaspard), éditeur, 6, 34, 35, 36, 37.
Metot, sénéchal de Guyenne, 18.
Mirail, géographe, 48.
Molas (Ferdinand), dessinateur, 18, 32.
Monrocq, imprimeur, 69.
Montaigne (Michel de), 26.
Montaigut, dessinateur, 49.
Muller (Ch.), lithographe, 62, 63.
Munster (Sébastien), cosmographe, 6, 25, 26, 29.

Napoléon (Louis), 63.
Noblet, marchand d'estampes, 51.
Nœvel (van den), graveur, 28.

Ogerolles (Jean d'), éditeur, 24.
O'Reilly (Patrice-John), historien, 15, 31.
Ozanne, dessinateur, 9.

Paradin (Guillaume), historien, 24.
Pascal (V^e), marchande d'estampes, 62.
Payen (D^r), bibliophile, 26.
Pélicier, calligraphe, 60.
Pétri (H.), éditeur, 25.
Philippe, dessinateur, 9, 62, 63, 64.
Picquet, géoraphe-graveur, 56.
Pierrugues, géomètre, 58, 59, 65.
Pinet (Antoine du), géographe, 24, 25, 26, 29, 31.

Portalis (baron Roger), iconographe, 47.
Portier, dessinateur, 49.

Ribadieu (H.), historien, 28, 30.
Richard, c^{te} de Cornouailles, 18.
Richelieu (maréchal de), 52.
Richomme, dessinateur, 58, 65.
Rigaud, graveur, 11, 15.
Robin (L.), éditeur, 31.
Rohan (prince de), archevêque, 52.
Rouargue, graveur, 15.
Rougé, lithographe, 14.

Saincric (de), historien, 10, 14.
Salmon (A.), imprimeur, 21.
Santin, géographe, 48.
Savary de Mauléon, commandant à Bordeaux, 18.
Selves (de), préfet, 69.
Sincerus (Jodocus), $voy.$ Zinzerling.
Sinnett (F.), éditeur, 66.

Tardieu (J.-B.), graveur, 60.
Tassin (Nicolas), géographe, 6, 32, 34, 35, 36.
Teniers, art.-peintre, 33.
Tournon (comte de), préfet, 58.
Tourny (Louis-Urbain-Aubert, marquis de), intendant, 44, 45, 46, 48, 49, 54.

Unal-Serres, géomètre, 64, 65.

Valteau, dessinateur, 68.
Vernet (Joseph), artiste-peintre, 9.
Vignols (L.), cartographe, 5.
Vinet (Élie), principal du collège de Guienne, 26, 27, 28, 30, 31.
Vorzet, graveur, 70.

Walter (H.), lithographe, 63.
Wild, éditeur, 63.

Zeiler (Math.), géographe, 34.
Zinzerling (Juste), archéologue, 34.

TABLE DES MATIÈRES

	Pages.
La Topographie de Bordeaux à travers les siècles	5
§ I. — Plans et Vues de reconstitution de la Ville à l'époque gallo-romaine et au moyen-âge.	10
§ II. — Vues et Plans des xvie et xviie siècles.	24
§ III. — Plans et Vues du xviiie siècle	43
§ IV. — Plans et Vues du xixe siècle	56
Table des noms.	72

Bordeaux.— Impr. G. GOUNOUILHOU. — G. CHAPON, *directeur*.
9-11, rue Guiraude, 9-11.

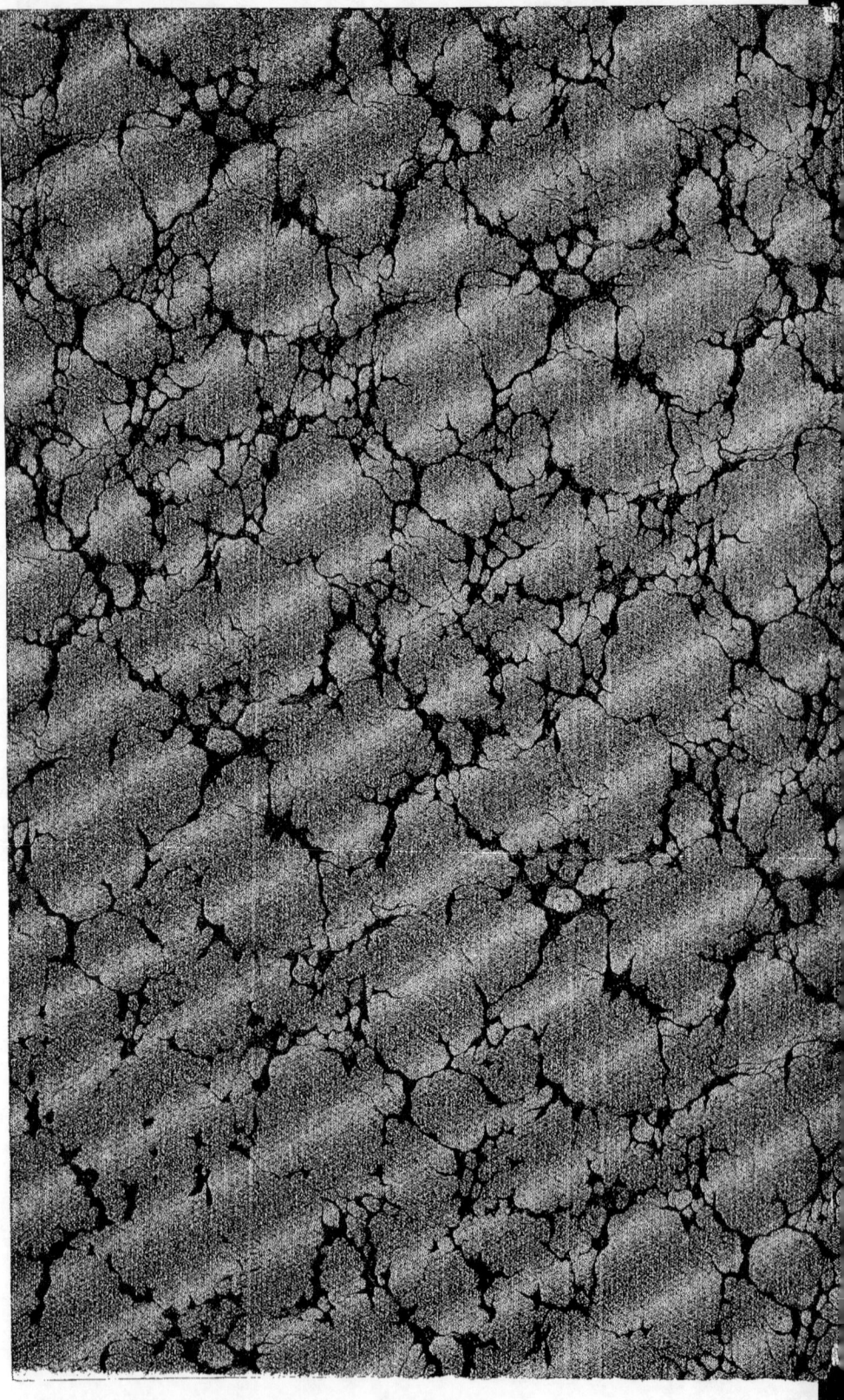

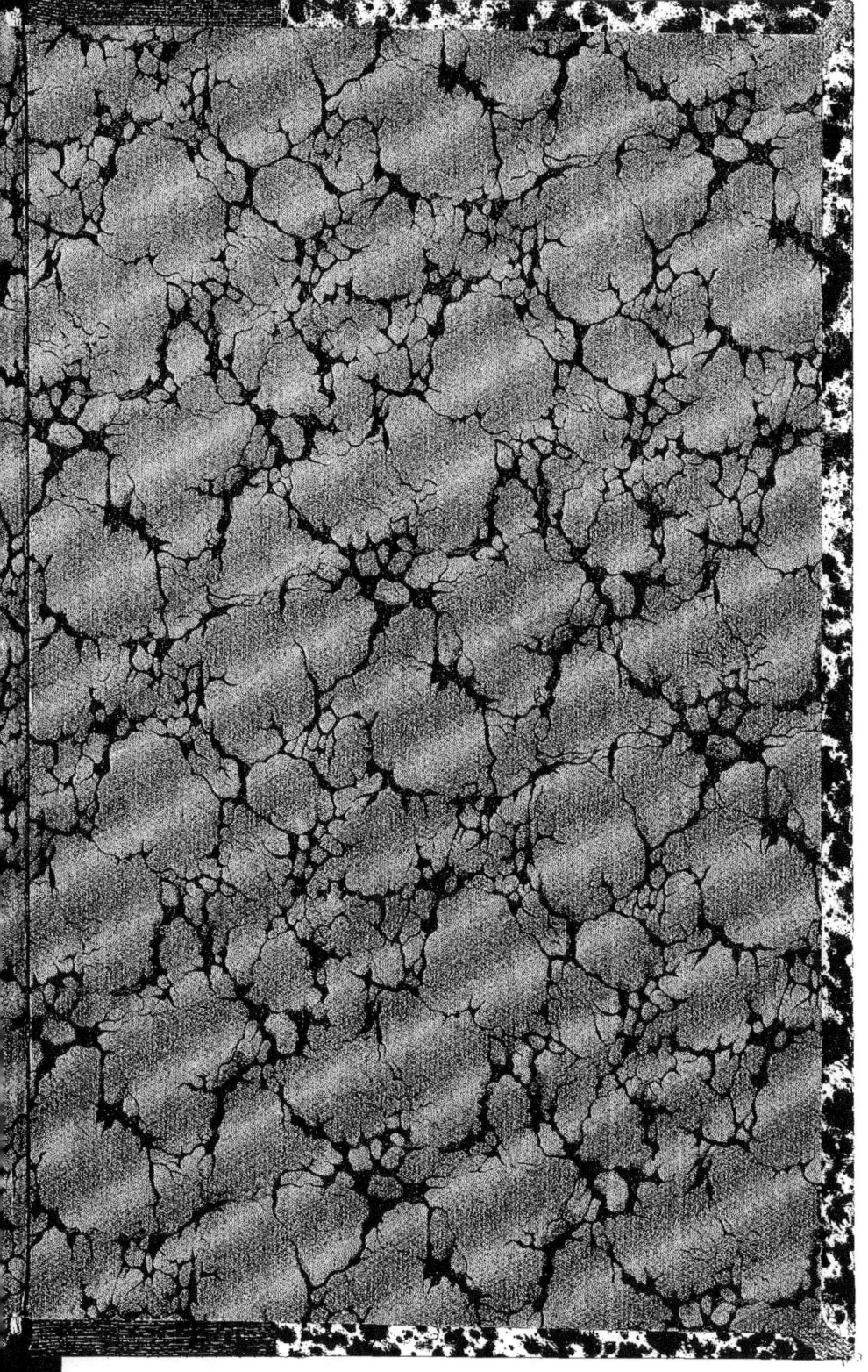

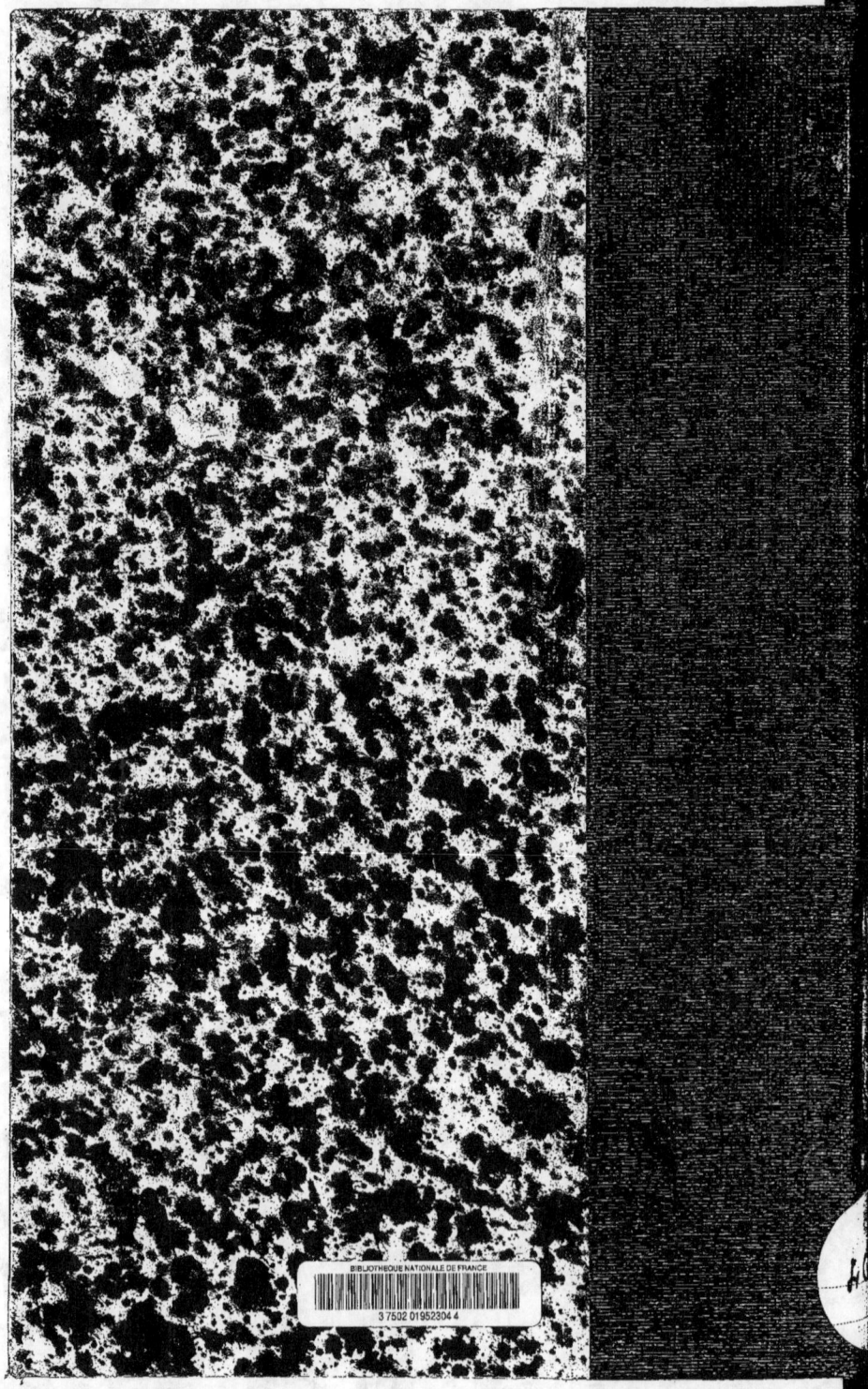

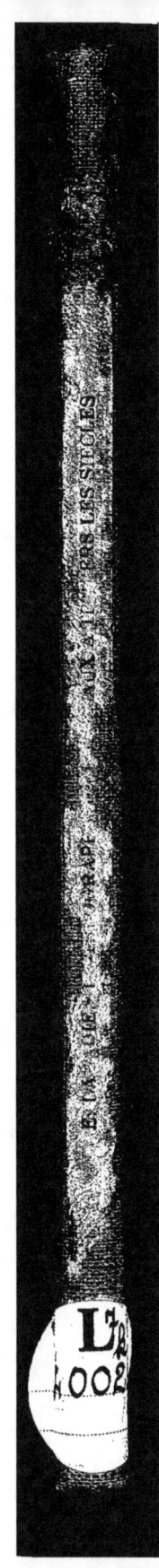

www.ingramcontent.com/pod-product-compliance
Lightning Source LLC
LaVergne TN
LVHW050557090426
835512LV00008B/1201